Beck'sche Reihe
Autoren
BsR 630

W0334348

Lichtenberg hat uns nicht nur die Resultate bedeutender physikalischer Experimente und einige Aphorismen hinterlassen. Er hat sich mit seiner in den „Sudelbüchern“ überlieferten Skepsis als der letzte große Aufklärer seiner Zeit erwiesen. Daß Erkenntnis nur auf schärfster Beobachtung gründe, galt ihm nicht allein für die Naturwissenschaft, sondern für alles Denken und Sein. Keiner vor oder nach ihm hat mit so durchtriebenem Witz „mit der Feder in der Hand Schanzen erstiegen, von denen andere mit Schwert und Bannstrahl zurückgeschlagen worden sind“.

Gert Sautermeister, Bremer Literaturwissenschaftler, zeigt in seinem Band über Lichtenberg einen Aufklärer, der wußte, daß es unmöglich ist, „die Fackel der Wahrheit durch ein Gedränge zu tragen, ohne jemandem den Bart zu sengen“.

GERT SAUTERMEISTER

Georg Christoph Lichtenberg

VERLAG C. H. BECK MÜNCHEN

Die Deutsche Bibliothek – CIP-Einheitsaufnahme

Sautermeister, Gert:
Georg Christoph Lichtenberg / Gert Sautermeister. –
Orig.-Ausg. – München : Beck, 1993
(Beck'sche Reihe ; 630 : Autorenbücher)
ISBN 3 406 35056 9
NE: GT

Originalausgabe
ISBN 3 406 35056 9

Einbandentwurf: Uwe Göbel, München
Umschlagabbildung: Johann Ludwig Strecker:
Georg Christoph Lichtenberg.
Aquarell nach der Pastellzeichnung von E. A. Abel. Göttingen,
Städtisches Museum
© C.H. Beck'sche Verlagsbuchhandlung (Oscar Beck), München 1993
Gesamtherstellung: C.H. Beck'sche Buchdruckerei, Nördlingen
Gedruckt auf säurefreiem, aus chlorfrei gebleichtem Zellstoff
hergestelltem Papier
Printed in Germany

Inhalt

Einleitung

Dank seiner Aphorismen ist Lichtenberg nie ganz in Vergessenheit geraten. Einige wenige sind in den Rang geflügelter Worte aufgestiegen: „Wenn ein Buch und ein Kopf zusammenstoßen und es kling hohl, ist das allemal im Buch?“ (D 399)[1]

Andere führen ein Schattendasein, obwohl sie die Helle von Gedankenblitzen verbreiten:
„Das Höchste wozu sich ein schwacher Kopf von Erfahrung erheben kann, ist die Fertigkeit die Schwächen besserer Menschen auszufinden.“ (J 109)

Nur wenige leiden an einer konstitutionellen Schwäche, an mangelnder Spannkraft der Sprache beispielsweise oder an Gedankenblässe. Die meisten haben eine unverbrauchte Lebenskraft: „Sind wir nicht auch ein Weltgebäude und eines, das wir besser kennen, wenigstens besser kennen sollten, als das Firmament?“ (L 305)

Manche haben die Schärfe eines Todesurteils: „Wir fressen einander nicht, wir schlachten uns bloß.“ (II, K 224)

Eine beträchtliche Zahl ist kokett bis zum Nonsens oder parodiert mit einem Schalkslächeln die strenge Vernunft:
„Wie geht es, fragte ein Blinder einen Lahmen; Wie Sie sehen, war die Antwort.“ (L 29)

Georg Christoph Lichtenberg (1742–1799) hat in seinen ‚Sudelbüchern‘ ein wahres Gebirge von Aphorismen hinterlassen: Gedankensplitter, Wahrnehmungsfragmente, Denkbilder, Assoziationen, Sprachspiele, die er dreieinhalb Jahrzehnte hindurch in kleinen Heften auftürmte. Der Verfasser war Schriftsteller nur nebenberuflich; hauptberuflich Professor für Philosophie (an der Universität Göttingen), aber auch für Physik, Astronomie, Mathematik, und nach Auskunft eines Zeitgenossen „der witzigste Kopf unter den gelehrten, und der gelehrteste Kopf unter den witzigsten Köpfen seines Zeitalters“.[2] Gelehrsamkeit und Witz kamen seiner Doppelbegabung zustatten: anderen und sich selbst der angenehmste Gesellschafter zu sein. Der gelehrte Selbstdenker konnte aus seiner Einsamkeit einen Selbstgenuß ziehen, der ihm „alles Glück der Menschen“[3] aufschloß. Und er konnte Freunde mit „Munterkeit und Leichtsinn“ bei Laune halten, sie bezaubern mit Plaudereien aus dem „Archiv meines Herzens“[4], mit Briefen von der Weltstadt London ihren Wissenstrieb befeuern, mit Nachrichten aus norddeutschen Kleinstädten ihre Klatschsucht parodieren. Ein exemplarischer Aufklärer, der mündigen Vernunft in kühner Eigeninitiative und auf dialogisch-unterhaltsame Art zugewandt.

Beides, Einsamkeit und Geselligkeit, wurde ihm nach und nach zur Last durch die Mißgunst des Lebens. Der wissenschaftlich-medizinische Name dafür: schwere Kyphoskoliose. In der Sprache der Zeit: ein kleinwüchsiger Mensch, „dessen Brust mit einem Vorgebürge, so wie der Rücken mit einem hohen Gewölbe belastet war“.[5] In heutiger Sprache: mit Buckelbildung einhergehende Seitausbiegung der Brustwirbelsäule, die zu Zwergwuchs mit einem übergroß wirkenden Kopf und überlang scheinenden Armen führt, des weiteren zu unterentwickelter Lunge und folglich zu Husten, Lungen- und Brustfellentzündung plus Asthma und akuter Atemnot, außerdem zur Überlastung eines Herzteils und deshalb zu Herzrasen (bis zu 250 Schlägen pro Minute), von Todesangst begleitet. Lichtenbergs „Geschichte eines elenden Körpers“ ist erst kürzlich mit großer Sachkunde geschrieben worden.[6] Sie ward im letzten Lebensjahrzehnt zur Hölle auf Erden; in den Jahrzehnten zuvor hat er einige Male durch die entsprechende Vorhölle gehen müssen. Da konnte auch der Tapferste – und Lichtenbergs Lebenstapferkeit war beispielhaft – zum Melancholiker werden, zum „nachteulenmäßigen“[7] Selbstbetrachter. „Es frißt etwas mein Fleisch und trinkt mein Blut.“ (C 184)

Seiner physischen Verdammnis zum Trotz bildete sich Lichtenberg zeitweilig einige kleine Paradiese: als Reisender, als Liebender, als Lehrender. In der einen und anderen Lebensform wuchs er über seine Umwelt hinaus. Ein deutsches Städtchen wie Göttingen, „wo sich immer ein Gesicht aufs andere reimt“

(E 289), hätte auf Dauer Spuren eines Provinzialismus bei ihm hinterlassen. Zwei Aufenthalte in England und namentlich in London werden zur Richtschnur seines Erfahrungshungers und verschaffen ihm Weltkenntnis.[8] Geborener Beobachter, erweitert er in London sein Gesichtsfeld wie wenige Zeitgenossen sonst. Englands hochentwickelte Technik und fortgeschrittene Arbeitsteilung, Rhetorik und Weltgeltung der großen Parlamentsdebatten, Londons lebenspralle Hauptstraßen mit dem zauberischen Glanz der Warenangebote und dem Elend der Käuflichkeit, die Schauspielkunst des berühmten Garrick, Lichtenbergs menschliche Kontakte, seine Besuche im englischen Königshaus und seine Blicke auf die Monstrosität des Irrenhauses in Bedlam – ein unermeßliches Forschungsfeld für den sinnlich-empirisch interessierten Aufklärer. Mehr als ein halbes Jahrhundert später sollte eine radikaldemokratische Intelligenz – Heine und Börne, Marx, Weerth und Engels – Lichtenbergs Beispiel folgen und das Maß ihrer Zeitkritik in englischen Großstädten bzw. der französischen Metropole gewinnen.

Lichtenbergs Briefe aus London hallen wider von der Spontaneität eines erregbaren Zeitzeugen, der Sehschärfe des Augenmenschen, der Plauderkunst eines bel esprit. Sie atmen Weltluft. Sie wirken mit an der Entstehung der urbanen literarischen Essayistik in Deutschland. Wer so welterfahren in die Provinz zurückkehrt, wird sich von der Provinzmoral nicht schulmeistern lassen. Lichtenberg bietet ihr die Stirn, als er eine junge Blumenverkäuferin bei sich aufnimmt, erst als dienstbaren Hausgeist, dann als Geliebte. Sie gewährt seinem ‚elenden Körper' Glück, seiner Einsamkeit Zuflucht: „So wie sie älter wurde, nahm sie sich meiner Sachen an, mit einer Genauigkeit und einem so himmlisch liebreichen Wesen, daß ich mein Leben nie reicher und glücklicher gewesen bin. Sie hat mich mit dem ganzen menschlichen Geschlecht ausgesöhnt."[9] Der frühe Tod der „Stechardin" traf Lichtenberg ins Mark; er machte ihm die ohnehin prekäre Balance zwischen Gesundheit und Krankheit noch schwieriger.

Daß er sich einem Mädchen „von sehr honetten aber geringen Eltern"[10] verbunden hatte, geschah nicht zufällig. Seine spätere

Ehefrau, Margarete Kellner, war ebenfalls niederen Standes und hatte bei Lichtenberg als Haushälterin gedient. Sie entsprach vollkommen seinem vitalen Standesvorurteil: „Sie können nicht glauben, was die gemeinen Leute (denn die vornehmen taugen überall nicht viel in der Welt) für gute Häute und Seelen sind."[11]

Lichtenberg hatte einen ausgeprägten Affekt gegen alle „Affektation", und die witterte er im Fräulein von Stand, das „zu artifiziell liebt, zu systematisch blickt und lächelt und mit vorsätzlicher Nachlässigkeit rühren will".[12] In solchen privaten Äußerungen wird gleichzeitig der Geist der historischen Stunde vernehmlich. Der Erfahrungshunger der wachsten Aufklärer richtete sich auf die Alltagswirklichkeit insgesamt, zumal auf ihre vernachlässigten, ‚niederen' Bereiche. Fortgeschrittene Aufklärung tendiert stets auch zur Volksaufklärung: Sie ist willens, ihr Wissen und die Wissenschaften breiten Bevölkerungsschichten zugänglich zu machen. Der ‚Göttingische Taschenkalender', den Lichtenberg von 1777 bis zu seinem Tod 1799 herausgibt, hat einen entsprechend popularwissenschaftlichen Charakter. Wenn er dort einen eigenen Aufsatz mit dem Titel ‚Warum hat Deutschland noch kein großes öffentliches Seebad?' veröffentlicht, so leuchtet die praktische Absicht unmittelbar ein. Daß er sie mit unterhaltsamer Feder unterbreitet, versteht sich fast von selbst: „Taschenbuch zum Nutzen und Vergnügen" lautet der Untertitel der Zeitschrift. In dieser Doppelung ist die Verwandtschaft Lichtenbergs mit anderen Aufklärern der Zeit begründet – mit Lessing, mit Justus Möser in Osnabrück, dem Freiherrn von Knigge in Hannover, dem weitgereisten Georg Forster (der mit Lichtenberg das von 1780–85 erscheinende „Göttingische Magazin der Wissenschaften und Litteratur« herausgibt).[13] Die Schriftstellerei dieser Aufklärer nimmt Maß an der Wirklichkeit und ihrer zweckmäßigen Veränderung. Der über Deutschlands Grenzen hinaus bekannte Physiker Lichtenberg, der in Göttingen den ersten Blitzableiter einsetzte[14], konnte Wissenschaft und Literatur unter dem Leitstern der Praxis noch zwanglos miteinander verbinden. Um so spöttischer verfolgte er die Praxisferne des Empfindsamkeitskultes und Geniewesens seiner Epoche.

Die ‚Praxis des Lebens' hat der unterhaltend-vergnüglichen Absicht zufolge durchaus nichts Triviales; sie vereint das „Anmuthige" mit dem „Freymüthigen" und „Munteren".[15] Selbst in Lichtenbergs Briefen an seine Frau und an Johann Christian Dieterich, den verläßlichen Freund und Verleger, können die alltäglichen Verrichtungen, kann das Handgreiflich-Häusliche unvermutet den Rang eines heiteren Himmelsbildes gewinnen. Von seinem jüngsten Kind zeigt ihm die Amme einmal beide Gesichter, das Vorder- und das Hintergesicht: „Das No. 1 war schön und freundlich wie die Sonne, das andere No. 2 blank und still wie der volle Mond, oder eigentlich wie das erste und letzte Vierthel gegen einandergestellt."[16] Die Briefstelle gibt mancherlei Aufschlüsse; zum Beispiel darüber, wie dem Melancholiker der „launige Gesellschafter" und seiner grüblerischen Selbstversenkung das plastische Spiel der lebensoffenen Sinne sich zugesellt, eine Konstellation, welche nach Wolfgang Promies die für Lichtenbergs Wesen so kennzeichnende Ambivalenz bezeugt[17]; aufschlußreich ist die Stelle auch für Lichtenbergs zentrale Stil- und Denkfigur – seinen „Witz", der die entferntesten Dinge, auch die himmelweit voneinander entfernten, in eine überraschend geistvolle Beziehung versetzt; in diesem Witz verrät sich aber auch Lichtenbergs virtuos ‚simple Schreibart', die den kosmischen Aufschwung ganz ohne „glänzende Wucht der Gedanken und Majestät der Worte" bewerkstelligt, gemäß dem rhetorischen ‚genus humile dicendi', dem Paul Requadt eine eindringliche Studie gewidmet hat[18]; und nicht zuletzt deutet die Stelle scherzhaft-spielerisch auf den Naturforscher Lichtenberg hin, den Physiker wie den Astronom, dem der mikroskopische Blick auf das Nächste zur Inspirationsquelle für die makrokosmische Perspektive wird; das Niedere und Konkrete kann unversehens die Dignität des Erhabenen erhalten und zwanglos sich erweitern zu den „verwegenen Aussichten des Astronomen".[19] Gert Ueding hat die Verschränkung des Menschlich-Konkreten, Naheliegenden, Sozialen mit dem naturwissenschaftlichen Erkenntnisinteresse bei Lichtenberg aufgewiesen und ihren Ursprung in der rhetorisch-humanistischen und -naturkundlichen Tradition seit Bacon offengelegt.[20] Man muß darin nicht unbedingt eine

Infragestellung, kann darin vielmehr eine geistesgeschichtliche Grundlegung der Optik Albrecht Schönes sehen, der die Lichtenbergsche Aufklärung ‚aus dem Geist der Experimentalphysik' erläutert – und damit die wachsende Geltung der Naturwissenschaften in Lichtenbergs Zeit als erkenntnisleitenden Ausgangspunkt nimmt, ohne die „Zweieinigkeit des Naturwissenschaftlers und Schriftstellers" aus dem Blick zu verlieren.[21] Vielmehr sind es der „skeptisch-kritische Prüfungsvorbehalt" und die „hypothetisch-experimentelle Energie" der neueren Naturforschung[22], denen Lichtenbergs eigentümlicher Modusgebrauch korrespondiert – seine vielfältigen Konjunktive, die sich als ein „Zeichen für Aufklärung"[23] und als eine Signatur seines Stils verstehen lassen. Daß Lichtenbergs Stilwille ein komplexes Spiel mit dem mündigen Leser einschließt, hat Ernst-Peter Wieckenberg einleuchtend am Beispiel seiner Kommentare zu Hogarths berühmten Kupferstichen vorgeführt.[24] Die Lichtenbergsche Metaphorik und die Schreibformen seines „vermutenden, fragenden, ironischen, konjunktivischen Denkens" verraten eine „*hermeneutische* Bedeutsamkeit"[25], die des Lesers „intellektuelle Initiative provozieren"[26] kann; Lichtenbergs besonderes Stiltemperament – „Witz", „Mutwillen", „Laune" – nährt diese Initiative, weil es seine Gedankengänge in eine raffinierte Schwebe und vieldeutige Offenheit versetzt.[27]

Ein Widerhall dieses Temperaments, das den Leser gleichsam spielend zur Selbstaufklärung ermuntert, findet sich in Lichtenbergs Vortragsart. Auch den spröden wissenschaftlichen Stoff schmeidigte er hermeneutisch – den Horizont seiner Hörer vor Augen: „In collegiis über die Experimentalphysik muß man etwas spielen; der Schläfrige wird dadurch erweckt, und der wachende Vernünftige sieht Spielereien als Gelegenheiten an, die Sache unter einem neuen Gesichtspunkte zu betrachten."[28] Von solcher Lust am Erwecken und Erneuern zeugte Lichtenbergs öffentliche Rhetorik insgesamt; sie konnte sich in überraschende Assoziationen verströmen, in „eine ganze Milchstraße von Einfällen". (J 344) Der leidenschaftliche Lehrer war ein unermüdlich Schenkender; sein Reichtum an Witz „humanisierte gleichsam den Stoff", wie treffend gesagt wurde[29], und seine physikalischen

Experimente verliehen diesem die sinnlichste Anschauungskraft. Es war ,Volksaufklärung' in des Wortes bestem Sinn. Der Andrang zum „bedeutendsten deutschen Physiker des Jahrhunderts" muß „für damalige Verhältnisse ganz ungewöhnlich"[30] gewesen sein. Aber die Augenblicke des Glücks, die dem lehrenden Forscher zuteil wurden, bezahlte er mit zunehmender Erschöpfung seines kranken Körpers, den die Last der Lehrverpflichtungen, freilich auch die Sorge um seine vielköpfige Familie, beugte. Mit dem Ausbruch der Französischen Revolution hatte sich – in merkwürdiger Korrespondenz – sein Allgemeinbefinden dramatisch verschlechtert. Seine zwiespältige, zuletzt vorwiegend ablehnende Haltung zu dem weltgeschichtlichen Ereignis durchfurcht seine letzten Lebensjahre.[31] Selbst auf die Leidenschaft des Erkennens, über die Lichtenberg mit modern anmutender Bewußtheit gewacht hatte[32], fallen nun Schatten; die Ahnung eines baldigen, halb ersehnten Todes hält das Denken gefangen. Ungebrochen scheint bis zuletzt Lichtenbergs ästhetische Formkraft. Sie vermag auch das Trostlose ins poetische Bild zu bannen: „Am 10. Oktober schickte ich meiner lieben Frau aus dem Garten eine künstliche Blume aus abgefallenen bunten Herbstblättern. Es sollte mich in meinem jetzigen Zustand darstellen; ich ließ es aber nicht dabei sagen." (II, K 48) Wie das Blumengeschenk sind Lichtenbergs Aphorismen gefügt: aus Bruchstücken, die ein Ganzes vorstellen.[33] Die Melancholie aber, die dem Kranken als Lebens-Mitgift zugewiesen war, wird vom unvergleichlichen ,Witz' des Vergleichs kontrapunktiert – der überraschenden Beziehung zwischen Blume und Ich. Durch das Unerwartete den Leser zu unterhalten und zum Deuten herauszufordern, ist dem ästhetischen Ingenium Lichtenbergs eigentümlich; es ist ein Element seines dialogischen Charakters.[34]

Dieses Miniaturporträt Lichtenbergs und die Hinweise auf die Forschung sind nicht mehr als eine erste Leserorientierung. In den folgenden Kapiteln tritt vor allem der Aphoristiker und Essayist Lichtenberg hervor. Der Lichtenbergsche Aphorismus, obgleich ein wissenschaftlich bevorzugtes Untersuchungsfeld, verdient eine konzentrierte Darstellung im Hinblick auf die

Vielschichtigkeit seiner Erkenntniskräfte und die Eigenwilligkeit mancher Stilformen (Asymmetrie, Disproportionalität, Denkbild, anarchische Spiellaune etc.). Von der selten beachteten Essayistik, die Lichtenberg als Zeit- und Kulturkritiker von Rang zeigt, werden signifikante Texte eingehender gewürdigt. Zwischen Lichtenbergs Aphorismen und Essays gibt es vielfältige erkenntniskritische und ästhetische Bezüge, welche die häufig verkannte Einheit seines Werks bezeugen.

I. Erkenntniskräfte und Stilformen. Lichtenbergs Aphoristik („Sudelbücher“)[1]

Sprachsinn und Sprachkritik

Lichtenberg hat seiner Gebrechlichkeit ein Höchstmaß an Sinnlichkeit und Sinnenhaftigkeit abgewonnen; für den eingeschränkten Verkehr mit der Welt entschädigte ihn die schrankenlose Musterung der Welt mit den Sensoren des Verstandes und der Sinnesorgane. Im kritischen Abstand von der Gesellschaft schärfte er seinen Eigen-Sinn; seine nonkonforme Urteilskraft beschäftigt sich ironisch mit der Konformität ihrer Vorzeigemodelle – „der gesundesten und schönsten, regelmäßigst gebauten Leute“. (II, G 86) Als Gefangener seines versehrten Leibes, hat Lichtenberg umso inständiger die körperlose Welt heimgesucht, die der Wissenschaften und der Sprache; mit der ganzen Sinnenhaftigkeit seines Körpers hat er diese Welt durchwandert und bewohnt. „Man sollte *Katarr* schreiben“, notiert er, „wenn er bloß im Halse, und *Katarrh,* wenn er auf der Brust sitzt.“ (II, G 164) Mit einem einzigen Laut Krankheitsgrade zu unterscheiden – danach begehrte sein sprachlicher Gesichts- und Gehörsinn. Selten zuvor und danach hat ein Schriftsteller sich der Sprache gleichsam mit Haut und Haar ausgesetzt, sie derart wie Fleisch und Blut empfunden: „Er konnte das Wort ‚succulent‘ so aussprechen, daß, wenn man es hörte, man glaubte, man bisse in einen reifen Pfirsich.“ (II, H 109) Mit Lichtenberg gewinnt das schöne Wort ‚Sprachleib‘, wie Karl Kraus es einmal nannte, Evidenz. Dieser hochempfindliche, atmende Leib ist, wie er wußte, auf sorgfältigste Pflege angewiesen, soll der Gedanke in ihm Gestalt gewinnen. Zerschleißen nicht Gebrauch, Gerede, Bildungsinstitutionen und literarischer Markt in einem fort Bild- und Bedeutungskraft der Sprache? Beide, Bild und Bedeutung, Körper und Gedanke, sind Lichtenberg zufolge miteinander verschränkt, und wenn das Bild, in das sich der Gedanke ergießt, abgenutzt ist, so büßt er seine Bedeutungskraft ein. „Wir bewundern zuweilen die Kräftigkeit der Sprachen unausgebildeter Nationen, die unsrige ist es nicht weniger, unsere gemeinsten Ausdrücke sind oft sehr poetisch, allein das Poetische eines Ausdrucks verliert sich, wenn er uns gemein wird, der Laut bringt den Begriff hervor, und das Bild, das vorher das Mittel war, verschwinde und mit ihm zugleich alle die Neben-Ideen." (F 1223) Wenn der Ausdruck „uns gemein wird", das heißt, so allgemein wird durch ständigen Gebrauch, bis seine ursprüngliche Bildlichkeit und Körperlichkeit zerschlissen sind, dann magert der Begriff ab, im bilderlosen Sprachlaut wird er gleichsam zum Skelett: Kein verantwortungsvoller Schriftsteller, Journalist oder Wissenschaftler, der nicht von dieser Gefahr wüßte. Lichtenberg hat sie mit allen Fasern und Fibern seines Stilgefühls vorwegempfunden. Er hat den zerschlissenen Sprachkörper, der „dem Gedanken nur lose ansitzt" (vgl. E 276), vom „Trödelmarkt" (J 555) der Bilderhülsen und Redensarten entschlossen entfernt, hat sich seiner ursprünglichen Gestalt vergewissert, ihm einen neuen Spiel- und Assoziationscharakter vermacht, hat ihn modelliert mit den „kleinen Beglaubigungszügen der Selbstempfindung" (J 555) – dem Salz der Subjektivität.

Dafür einige wenige Beispiele. In einem Miniatur-Aphorismus, bestehend aus sieben Substantiven, gelangt Lichtenberg von *Polizei*, dem Initialwort, zu *Plackerei*, dem Finalwort, und zwar über die Stationen *Polzei, Plotzei, Platzei, Platzerei, Plakkei.* (B 357) Lichtenberg erneuert das sprachschöpferische Vermögen des Kindesalters – die Lust am Wortspiel und am Reim, ein Vermögen, das eins ist mit der Lust der Sprache an sich selbst: ihrer Spiellaune und ihrer Zeugekraft, ihrer unverwertbaren, sich selbst genügenden Poesie, wo ein Reim den nächsten, eine Assoziation die zweite lautverwandte herbeiruft. Da kann es denn geschehen, daß die Lautverwandschaften eine ungeahnte Sinnverwandtschaft hervorzaubern, eine ungeahnte und auch mehrdeutige. Die *Polizei* – ist sie eine *Plackerei* ihrem eigenen Selbstverständnis nach? Oder dem Verständnis der Bürger zufolge?

Und ihre Erhebungen – sind sie etwa haltlos wie ein *Platzei* oder einfach absurd wie eine *Platzerei?* Im Jux mit der Sprache zerstäubt der strafende Ernst und die angemaßte Dignität einer Institution, die in Lichtenbergs Epoche als Kontroll- und Überwachungsorgan gefürchtet war. Und gesetzt, daß diese Deutung viel zu ernst und würdevoll ist – so mußte wenigstens ein einziger staatstragender Begriff zum poetischen Ruhm der Sprache ein schöpferisches, assoziationsreiches und bedeutungsverschiebendes Klangspiel über sich ergehen lassen.

Diesen Befreiungsakt – Befreiung der Sprache vom Grünspan des Alters und von der Eingleisigkeit einer Bedeutung – hat Lichtenberg an einem unscheinbaren *Wortquadrat* experimentell vertieft.

entsprechen	entsagen
versprechen	versagen. (D 552)

Des Lesers Assoziationskraft ist gefragt, seine Fähigkeit zu zweifeln ebenso. *Entsprechen* – man entspricht etwa einem Wunsch – ist gemeinhin von positiver Bedeutung: könnte das Wort aber auch Gegenteiliges meinen – etwa, sich bei einem Wunsch des Sprechens und Sagens enthalten: *entsagen?* Der Entsprechende wäre dann der Ent-Sagende: ein Sprachloser. Unversehens verwickelt Lichtenberg seine Leser in den verborgenen Hintersinn eines Wortes: sich der Sprache entschlagen. Parallel dazu legt er das folgende Wortpaar an: *versprechen – versagen.* Wer etwas verspricht, ohne es zu halten, versagt dem Empfänger nicht nur das Versprechen; er ist ein Versager im buchstäblichen Sinn des Wortes: Im Akt des *Sprechens* hat er sich versprochen, im Akt des *Sagens* versagt. Lichtenberg lenkt die negative Vorsilbe auf ein Scheitern in und mit der Sprache hin. Der da ein Ver-*Sprechen* ver-*sagt,* ist an der Sprache doppelt schuldig geworden: zweimal wortbrüchig. So lauscht Lichtenberg mit einem fast unerbittlichen Gehör den Worten einen Neben- oder Doppel- oder Ursprungssinn ab, er entzieht sie dem allgemeinen Kommunikationsfluß, der sie glättet und abschleift, und zitiert sie vor das Forum der Sprache, das sie zur Besinnung und zu vermehrter Bedeutung ruft. – „Es war ihm unmöglich“, notiert Lichtenberg einmal von sich, „die Wörter nicht in dem Besitz ihrer Bedeutungen zu stören.“ (C 158)

Vor das Forum der Sprache zitiert Lichtenberg nicht allein den abgenutzten Begriff im engeren Sinn, sondern stets auch das Bild, das ihm zu Willen ist. So kann das stolzeste Geschichtsbild eine gravierende Sinnverschiebung erleiden: „Es kommt nicht darauf an, ob die Sonne in eines Monarchen Staaten nicht untergeht, wie sich Spanien ehedem rühmte; sondern was sie während ihres Laufes in diesen Staaten zu sehen bekommt.“ (II, K 151) Auf das ruhmbeglänzte Selbstbildnis des alten spanischen Weltreichs, das die Geschichtsschreibung hofiert, fällt der Schatten eines universalen Zweifels. Aus der Sicht der Lichtenbergschen Sonne, die nicht länger als Ornament ein Weltreich ziert, sondern sehenden Auges darauf niederblickt, läßt sich eine ruhmreiche Geschichte neu schreiben: als Geschichte despotischer Herrschaft.

Indem Lichtenberg ein überliefertes Bild verrückt, entschleiert er seinen inhumanen Gehalt. Sprachkritik paart sich mit kritischer Vernunft – ein Verfahren, das Lichtenberg auch auf seine Gegenwart anwendet. So übertreibt er ironisch eine sprachliche Gepflogenheit der Deutschen – die unterwürfige Anredeform – und macht auf diese Weise eine politische Mentalität kenntlich: „Der Deutsche liebt die scharfen Distinktionen. Warum nicht Hoch-, Höher-, Höchst-Edelgeborener, Wohl-, Besser-, Bestgeborner Herr?“ (L 145) Lichtenberg erhebt die Hoch- und Wohlgeborenen in den Stand des Komparativs und des Superlativs, um eine Eigenart in deutschen Landen zu geißeln: hierarchisierender Übereifer, Unterwerfungslust. Den Nutznießern dieser Mentalität, den herrschenden Dynastien, die sich „von Gottes Gnaden“ nennen, fährt Lichtenberg mit scharfer Klinge in die Parade: „Da gnade Gott denen von Gottes Gnaden.“ (D 216) Eine typische Redeform des Zeitalters – ‚von Gottes Gnaden‘ – wird durch eine spiegelbildlich verkehrte zum Erzittern gebracht. Das Wortspiel auf der Höhe seiner Kunst!

Lichtenbergs sprachkritische Zeitdiagnosen können die eigene Zeit überdauern – vorausgesetzt, die Redensarten von damals leben bis heute fort. Und daß sie es tun, daß da ein Überlieferungsstrom von Allerweltsweisheiten durch die Jahrhunderte zieht, zähflüssig und bewußtseinsschwächend, dafür öffnet Lichtenberg den nachgeborenen Lesern die Augen und das Gehör. Mit einer einzigen Gebärde stößt er um, was unumstößlich schien, etwa das Sprichwort von der harmonischen Kongruenz zwischen Empfindung und Ausdruck: „Wovon das Herz *nicht* voll ist, davon geht der Mund über, habe ich öfters wahr gefunden, als den entgegengesetzten Satz.“ (II, G 51) Lichtenbergs Einwurf sät Zweifel in die Spontaneität und Offenheit unseres Dialogs – er versetzt die gesprochene Sprache auf den Prüfstand. Das ist auch sonst seine Methode. An den Redensarten, Sinnsprüchen und setenziösen Gemeinplätzen, an jenem anonymen Sprachgemisch, das jedermann gedankenlos umrührt, im Monolog, im Dialog, in gesellschaftlicher Rede: an diesem trägen Kitt der Selbstverständigung und der öffentlichen Verkehrssprache entzündet sich Lichtenbergs stilistischer Widerstand.[2] Es ist ein die Sache selbst treffender Widerstand: „So sagt man jemand bekleide ein Amt, wenn er von dem Amt bekleidet wird.“ (F 426) – *So sagt man* – die Umkehrung einer Redewendung zieht ihre verleugnete Wahrheit ans Licht: daß man sein Amt nicht frei und in Treue zu sich selbst auszuüben pflegt, vielmehr von ihm überwältigt, übermannt wird, als Individuum ausgelöscht. Daß man, mit einem Wort, sich selber abhanden kommt, ein Opfer seines Geschäfts wird. Die neuere Geschichte unserer Berufspraxis und Amtsausübung – Lichtenberg bannt sie in eine einzige, sprach- und lebenskritische Formel.

Die Erkenntniskraft der Lichtenbergschen Sprache hängt demnach keineswegs von ausführlichen und ausgiebigen Explikationen ab. Lichtenberg liebt es, die Sprache als Pfeil zu handhaben, der ins Herz der Erkenntnis trifft. Zu seinen Stileigentümlichkeiten zählen Kürze, Prägnanz, Lakonik. Des „Sichtens und Siebens“ ist bei ihm kein Ende (vgl. L 679).[3] Der Mann, der von sich sagte, er habe einen Aufsatz nur geschrieben, um damit einen Ausdruck zu „schattieren“, war der geschworene Feind stilvoller Langatmigkeit, eines alten Erbteils deutschen Philosophierens – und der verschworene Freund der undeutschen Kunst schlechthin: des Weglassens. Vorbilder hätte der Aphoristiker Lichtenberg in Frankreich namhaft machen können: Pascal, La Rochefoucauld, La Bruyère, Rivarol, um nur wenige zu nennen. Seine Nachkommenschaft im deutschen 19. Jahrhundert ist dünn gesät: Heine, Schopenhauer, Nietzsche – diese drei. Im 20. Jahrhundert wird Karl Kraus sein letzter Nachfahre sein. In der Kette der umständlichen Aufklärungssysteme von Leibniz bis Wolff und Kant wirkt Lichtenberg fast wie ein Fremdkörper. „Ich sehe", sagt er einmal im Selbstgefühl des Glücks, „mein Buch in dem Keim so deutlich vor mir, daß ich es fast versuchen mögte mit einem einzigen Wort auszusprechen." (E 224) Was für eine Vision! Die Utopie der Kürze... Die langen Fußmärsche, die sonst der philosphische Gedanke durch unwegsames Gelände unternimmt, erspart ihm Lichtenberg, indem er ihn zum Gedankenblitz einschmilzt. Er erhellt das unwegsame Gebiet in Sekundenbruchteilen, erhellt Seelenlandschaften, ganze Zeitalter, Menschentypen schlaglichtartig: in einer winzigen Realitätspartikel, einer einzigen Episode, einem Charakterstrich. Lichtenbergs Aphorismen sind mikroskopisch und mikrokosmisch zugleich; sie leuchten der Welt in Momentaufnahmen heim. Eine Probe zum Jahrhundert der Glaubenskriege: „Da sie sahen, daß sie ihm keinen katholischen Kopf aufsetzen konnten, so schlugen sie ihm wenigstens seinen protestantischen ab." (D 581)

Eine noch kürzere zum Phänomen des Patriarchalismus: „Die schönen Weiber werden heutzutage mit unter die Talente ihrer Männer gerechnet." (II, H 82)

Eine unübertreffbar kurze zu wissenschaftlichen Werken: „Bei wachender Gelehrsamkeit und schlafendem Menschenverstand ausgeheckt." (D 325)

Und die Kürzestformel schlechthin: „Ein Amen-Gesicht." (F 939)

In dieser Miniatur der Miniatur aber schwingen, erstaunlicherweise, vielerlei Gesichtszüge mit: lammfromme Inbrunst, salbungsvolle Einfalt, servile Sanftmut, und andere mehr. Des Lesers Vorstellungskraft kann, zu seinem boshaften Vergnügen, reiche Ernte halten. Lichtenbergs Verknappungen setzen in uns ungezählte Ideenassoziationen und Bilderketten frei.

Vernunft und Erfahrung. Subjektivität

Wer wie Lichtenberg das Vergangene, das Gegenwärtige und das Zeitüberdauernde kritisch überprüft, tut dies im Namen der aufgeklärten Vernunft, der Ratio, und man könnte versucht sein, in Lichtenberg einen typischen Sohn seines Zeitalters zu sehen: einen Rationalisten. Er scheint ja auch an seiner Zugehörigkeit zum Zeitalter der Aufklärung keinen Zweifel zu lassen: „Daß ich etwas, ehe ich es glaube, erst durch meine Vernunft laufen lasse, ist mir nicht ein Haar wunderbarer, als daß ich erst etwas im Vorhof meiner Kehle kaue, ehe ich es hinunter schlucke.“ (F 768) Indes haften dem Begriff des Rationalisten (und des Rationalismus) eine Strenge und eine Enge an, die der Lichtenbergschen ‚Vernunft‘ nicht gerecht werden. Sie kennzeichnen vielmehr eine Verstandesarbeit, die der Frühphase der Aufklärung ihr Gepräge gab; Vernunft sollte damals nach Regeln funktionieren, die zusammen ein Regelwerk ergaben: das vielgerühmte *System* – und aus der Optik des Systems pflegte man die Welt zu beurteilen, einzuteilen und ihr Vorschriften zu machen.[4] Um die Mitte des 18. Jahrhunderts büßte diese rigorose Form der Vernunft an Geltung ein, ohne ihren Einfluß samt und sonders zu verlieren. Daß Lichtenbergs Vernunft feiner gestuft und weiter gefaßt ist, läßt schon seine Sprachkritik erkennen. Sie verrät eine Sensibilität und Feinnervigkeit, die Lichtenbergs Nähe zu einer Gegenströmung des Rationalismus bezeugen: zu den besten Tendenzen der Empfindsamkeit. Selbst dort, wo Lichtenberg kühl auf die nüchterne Vernunft setzt, tut er es mit Gründen, die ihr eine neue Eigenwilligkeit verleihen. Er glaube, schreibt er in einem Essay ‚Über die Macht der Liebe‘ vom Jahre 1777, „daß es keine größere Verstandsstärkung gibt, als Mißtrauen gegen alle Meinungen der Menge“ – und als einen Beweis unter anderen führt er an: „Neun Zehnteile des menschlichen Geschlechts glauben, die Erde stünde still, und es ist doch nicht wahr. (...) Ich kann daher nicht leugnen, daß mir die Leute vorzüglich angenehm sind, die ohne Affektation zuweilen die evidentesten Sätze bezw
(...).“ (III, 516) Nicht mehr und nicht weniger kommt hi
Ausdruck als jenes *Sapere aude!*, das um dieselbe Zeit K

Königsweg richtigen Denkens erheben sollte – das Wagnis der Vernunft, sich ohne überkommene Maximen auf die eigene Stärke und Urteilskraft zu verlassen.

Diese Ermutigung des denkenden Individuums aber hat bei Lichtenberg noch einen anderen Grund – und ihn formuliert er mit dem unverwechselbaren Tonfall desjenigen, der die Vernunft als zwingendes Gebot des Lebens selber erfahren hat. Er hege die Überzeugung, notiert er in demselben Essay, „daß ich das durch tausendfaches Interesse gespaltene und tausendfach sich selbst betrügende menschliche Herz zu dem Grade habe kennen lernen, daß ich an einer Sache zweifeln kann, und wenn sie in tausend Büchern bejaht stünde, tausend Jahre durch geglaubt worden, und als untrüglich von schönen und häßlichen Lippen verkündigt worden wäre." (III, 515)

Der Kenner des menschlichen Herzens setzt auf seine *Erfahrung*. Sie ist das Losungswort, das Lichtenberg mit Geistern wie Lessing, Herder und Wieland verbindet, den Repräsentanten der neuen, realitätsgesättigten Vernunft. Alle bisher zitierten Aphorismen Lichtenbergs sind stets auch Zeugen seiner Erfahrung, und wie diese neue Produktivkraft des Denkens sich verschränken müßte mit dem *Sapere aude!*, dem kühnen Vertrauen auf die eigene Urteilsbildung, die durch keine Tradition rückfällig und vor keiner Mode kniefällig wird – dafür steht die folgende Reflexion ein:

„Durch unser vieles Lesen gewöhnen wir uns nicht allein Dinge für wahr zu halten, die es nicht sind, sondern unsere Beweise bekommen auch eine Form, die oft nicht sowohl die Natur der Sache mit sich bringt, als unser unvermerkter Anhang an die Mode. Wir beweisen aus den Alten, was wir mit Beispielen aus unserm Ort ebenso kräftig unterstützen könnten; auch werden Sentenzen zitiert, die nichts beweisen, und Sätze, aus denen man nichts Neues lernt. Es ist sehr schwer, eine Sache neu anzusehen, nicht durch das Medium der Mode, oder mit Rücksicht auf unser Modesystem. Es wird immer Ansehen gebraucht, wo man Gründe brauchen sollte, immer geschreckt, wo man belehren sollte, und Götter werden zu Hülfe genommen, wo Menschen hinreichend wären." (II, G 110)

Welche Verneinung der Autoritäten! Lichtenberg unterwirft sie alle dem Zweifel – angefangen von den Göttern und der Antike bis zum Modesystem, vom ganzen Buch bis zur einzelnen Sentenz.[5] Selten hat sich der Autoritätszweifel so radikal geäußert in der Aufklärung – selten in der deutschen Geistesgeschichte insgesamt: der Frühaufklärer Thomasius, später Heine, Marx, Nietzsche, Brecht sind seine namhaftesten Zeugen. Als Instanzen der Urteilsbildung läßt Lichtenberg nur drei gelten: die „Natur der Sache", also die objektive Realität; den konkreten „Ort", also die Geschichtlichkeit des Lebens; die „neue" Ansicht der Sache, also die unverwechselbare Perspektive des erkennenden Subjekts. Lichtenberg baut ein Spannungsfeld zwischen diesen drei Polen auf, frei von den Direktiven der Überlieferung und des Modischen. Wir könnten auch sagen: objektive Realität, lebensgeschichtliche Erfahrung und subjektiver Eigen-Sinn bilden das Dreigestirn, das den Weg der Vernunft erhellt.[6] Ist dieses Modell des Denkens seither durch ein einleuchtenderes überstrahlt worden? Wir können, so scheint mir, Lichtenbergs Überlebenskraft nicht hoch genug veranschlagen.

Seine Evidenz erweist dieses Modell auch darin, daß es die Lichtenbergsche Sprachkritik stützt:

„Ein gutes Mittel, gesunden Menschenverstand zu erlangen, ist ein beständiges Bestreben nach deutlichen Begriffen, und zwar nicht bloß aus Beschreibungen anderer, sondern so viel möglich durch eigenes Anschauen. Man muß die Sachen oft in der Absicht ansehen, etwas daran zu finden, was andere noch nicht gesehen haben; von jedem Wort muß man sich wenigstens einmal eine Erklärung gemacht haben, und keines brauchen, das man nicht versteht." (II, G 206)

Der „deutliche Begriff" entsteht durch die wahrnehmungskräftige Subjektivität: die „eigene" Anschauung. Sie verbürgt auch eine *neue* Sicht der Realität: „was andere noch nicht gesehen haben". Und das Wagnis des Sehens hat einen persönlichen unverbrauchten Stil zur Folge. Der „gesunde Menschenverstand", der sich dergestalt bezeugt, ist Lichtenbergs bescheidenes Synonym für „Originalität". Diese besteht nicht in hochfliegender, gar verstiegener Subjektivität, wie Lichtenbergs jüngere

Zeitgenossen bisweilen vermuten lassen. Das emphatische Glaubenswort der Stürmer und Dränger gewinnt bei Lichtenberg den Grund und Boden, den die prüfende, sich selbst überprüfende, wirklichkeitsgesättigte und Neuland erkundende Subjektivität bereitstellt.[7]

Empfindungsstärke, Wahrnehmungskraft

Erfahrung als ein Modus des Erkennens ist demnach Welt- und Selbsterfahrung in einem. Lichtenberg trennt beide Erfahrungsarten nicht voneinander, wohl wissend, daß der die Welt Erfahrende davon im Medium seiner sinnlichen Wahrnehmungsorgane, seines Bewußtseins, seines Unbewußten und seiner Gefühlskräfte zeugt, also im Medium seines ganzen Selbst. Erkennende Vernunft bewährt sich bei Lichtenberg in der spannungsvollen Einheit dieser verschiedenartigen Potenzen. Eine erstaunliche Rolle spielen unter ihnen die Gefühls- oder Empfindungskräfte: erstaunlich, weil ihre Hochschätzung ausgerechnet von einem Aufklärer herrührt. Eben dies macht aus Lichtenberg einen der wenigen Avantgardisten der Aufklärungsepoche – jenes Geisteszirkels, der die Selbsterhellung und Selbstvertiefung der Vernunft im Überschreiten ihrer ursprünglichen, rationalen Grenzen sucht. Entschiedener noch als Herder, Lessing, Wieland gibt sich davon Lichtenberg Rechenschaft – in den Selbstbegegnungen seiner *Sudelbücher.* Unübersehbar und unüberhörbar, wie er hier das Erbe der *Empfindsamkeit,* der Gegenspielerin des Rationalismus, aufgreift und vor der zeitgemäßen Erweichung und Verzärtelung rettet. Erneut spielt dabei die Sprache eine dominierende Rolle – ist sie doch seiner Empfindungskraft am unmittelbarsten benachbart. Es handelt sich um eine höchst unterhaltsame, vergnügliche Nachbarschaft, wie etwa folgende, verschwenderisch inszenierte Eintragung verrät:

„Es donnert, *heult, brüllt,* zischt, pfeift, braust, saust, summet, brummet, rumpelt, *quäkt, ächzt, singt,* rappelt, prasselt, knallt, rasselt, knistert, klappert, *knurret,* poltert, *winselt, wimmert,* rauscht, *murmelt,* kracht, *gluckset, röcheln,* klingelt, *bläset, schnarcht,* klatscht, *lispeln, keuchen,* es kocht, schreien, weinen, schluchzen, krächzen, stottern, lallen, girren, hauchen, klirren, blöken, wiehern, schnarren, scharren, sprudeln. Diese Wörter und noch andere, welche Töne ausdrücken, sind nicht bloße Zeichen, sondern eine Art von Bilderschrift für das Ohr." (A 134)

Die Töne – als *Bilderschrift* für das Gehör aufgefaßt: als sähe das Ohr Bilder oder verwandle akustisch Wahrgenommenes in bildhafte Schriftzüge. Lichtenbergs Synästhesie kündet von Empfindungsstärke. Die Sinnlichkeit des Lautes, im abstrakten Zeichen des Buchstabens längst verflüchtigt, wird zu doppeltem Leben wiedererweckt: durch das hörende, ja das ‚sehende' Ohr. Wenn aber das Gehör Bilder wahrnimmt, so gilt mutatis mutandis für das Auge, daß es Töne vernehmen kann. Auf dem Höhepunkt intensiven Wahrnehmens kann ein Sinneseindruck einen anderen herbeirufen und ihm sich vermählen. Was den ‚Geist' eines Wortes ausmacht, ist nichts Abstraktes, sondern in seinen sinnlichen Ursprüngen gespeichert. Lichtenbergs sinnliche und sinnenhafte Wahrnehmungskraft, sein Einfühlungsvermögen in Körper und Seele der Sprache, seine schrankenlose Offenheit für Eindrücke – sie reichen ‚bis in die höchsten Spitzen seines Geistes', um ein Wort Nietzsches abzuwandeln: bis in die Sphäre der Vernunft. Seine Urteilsbildung bezieht den jeweiligen „Aggregatzustand seiner Empfindungen" (J 482) ein, und „von der unerklärlichsten Ahnung bis zu den deutlichsten Einsichten des Verstandes" (II, K 63) durchmißt er leichtfüßig Stufe um Stufe. Der für Geselligkeit und Einsamkeit gleichermaßen Begabte, der von sich gesagt hat, „einen einzigen Abend in einer Laube im Genuß seiner eigenen Empfindung" hinzubringen, „war für ihn das Beste und Höchste, darnach schätzte er die Größe und das Glück der Menschen, damit wog er Taten auf wovon das Gerücht durch Jahrtausende durchhallt" (B 160): dieser kontemplative Liebhaber seines reichen Innenlebens konnte schlechterdings nur ironisch von einer geschäftig vorauseilenden Vernunft urteilen:

„Er hatte sich ein gewisses System gemacht, das nunmehr einen solchen Einfluß auf seine Denkungsform hatte, daß die

Zuschauer sein Urteil immer ein paar Schritte vor der Empfindung vorangehen sahen, ob er selbst gleich glaubte es hielte sich hinten." (D 485)

Intuition und Impulsivität werden Organe des Erkennens, wie geschaffen, die Gefühlsbindung des Gedankens zu wahren und seinen Gang mit dem Rhythmus des Herzschlags zu skandieren.[8]

Wie aber kann dies sprachlich zur Evidenz gelangen? Wie soll die Verschränkung von Vernunft und Emotionalität stilistisch gelingen? Der reine Begriff reicht hier so wenig aus wie der affektive Ausdruck; ersterer würde nur die Arbeit des Kopfes, letzterer nur die Bewegung des Herzens festhalten. Das die beiden Pole verbindende Moment findet Lichtenberg im Bild, und wohl nicht zufällig. Das Bild ist dem zur Hand, der – wir zitierten eine Probe – zur Akustik zwanglos die Optik gesellt und die Töne als „eine Art Bilderschrift" imaginiert, dank einer intensiven Wahrnehmungskraft. Lichtenberg, im Bilderfinden wahrhaft zu Hause: „Die Vernunft sieht jezt über das Reich der dunklen aber warmen Gefühle so hervor wie die Alpen-Spitzen über die Wolken. Sie sehen die Sonne reiner und deutlicher, aber sie sind kalt und unfruchtbar." (L 406)

Die „Alpen-Spitzen" vertreten jene Sensoren des Erkennens, die ins Lichtreich der Vernunft vorstoßen: Die Sonne ist ja die Metapher der Aufklärung schlechthin. Doch die Reinheit des Erkennens auf den *Alpen-Spitzen* ist von Kälte, ja Unfruchtbarkeit bedroht. Weniger rein und weniger deutlich ist der Blick auf die Sonne *von den Wolken aus* – dafür vom Wärmestrom des Fühlens und Empfindens geleitet. Im Bild bindet Lichtenberg die auseinanderstrebenden Pole zur Einheit, halten sich *Vernunft* und *Empfindsamkeit*, die bestimmenden Gegenkräfte der Epoche, die Waage.

Die Sprache des Körpers

Mit seiner Empfindungsstärke, mit der Kraft seiner Wahrnehmung und seiner Sinneseindrücke ist Lichtenberg nicht mehr bloßer Geist. Er ist damit ebensosehr Körper. Daß ein Gebrechlicher für körperliche Prozesse ein natürliches Interesse hat, versteht sich von selbst. Lichtenberg hatte ein gesteigertes, hochempfindliches Interesse dafür. Der Schmerz über seine leibliche Beschaffenheit machte ihn hellsichtig: „Weil er seinem Vater nun einmal bei der Zeugung mißlungen war, so getraute sich kein Kupferstecher nachher noch einmal sein Heil mit ihm in Kupfer zu versuchen." (B 217) Die Lichtenbergsche Hellsicht aber erkundet zweierlei Wege: vom Kopf zum Körper und vom Körper zum Kopf. Der erste Weg zeugt von der physischen Macht des Denkens: „Mein Körper ist derjenige Teil der Welt, den meine Gedanken verändern können. Sogar *eingebildete* Krankheiten können würkliche werden. In der übrigen Welt können meine Hypothesen die Ordnung der Dinge nicht stören." (J 1208) Vom suggestiven Einfluß des Gedankens und des Gemüts auf den Körper haben zu Lichtenbergs Zeit nur wenige gehandelt; zu ihnen gehört der junge Schiller, der seinen Franz Moor die physischen Wirkungen durchdenken läßt, die verschiedene Gemütsbewegungen bei seinem Vater ausrichten könnten. Mehr noch als dieses geistbestimmte Wirkungsverhältnis fesselt den Physiologen Lichtenberg das umgekehrte, in seiner Epoche noch seltener durchdachte: Was richtet der *Körper* mit Geist und Seele an? „Ich habe es sehr deutlich bemerkt: Ich habe oft die Meinung wenn ich liege und eine andere wenn ich stehe. Zumal wenn ich wenig gegessen habe und matt bin." (F 557) Das darf man unumwunden Relativität des Erkennens nennen. Es steht wahrhaftig nicht zum besten um die Autonomie des Kopfes. Es findet sich beispielsweise, „daß der Wein zuweilen Wunder tut": daß er die schmerzliche Erkenntnis der „Irrgänge" des eigenen Lebens in die „schönste Perspektive" verwandelt und der „Seele zur angenehmsten Füllung" (B 159) verhilft. Lichtenberg versteht sich vorzüglich auf den Genuß des Weines, dieses wundersamen Geist- und Seelenverwandlers, und er findet dionysische Töne, wenn er sein Lob singt:

„Trinken πίνειν heiße ich hier überhaupt mit offenen Sinnen und zur guten Stunde einen Zug tun der mit einer solchen Zauberkraft auf unser Innerstes auffällt und alle Seelenkräfte zu einem Freudenfeste versammelt bei dem die strengste Vernunft

Feier-Abend macht; es geschehe nun dieser Zug aus der Bouteille (welches die eigentliche Bedeutung des Worts ist) oder beim Mondenlicht aus einer mit Blütengerüchen geschwängerten Luft, ganz allein, wie Agathon, ehe ihn Danae in Dienste nahm, oder in Gesellschaft wie er bald hernach Gelegenheit hatte. Daher nenne ich Rausch den Zustand sanfter Empfindlichkeit, in welchem jedem äußern Eindruck neue unaussprechliche Gedanken korrespondieren, oder jeden Zustand wollüstiger Ruhe, der nicht sowohl die Würkung einer verdauten Philosophie, als vielmehr eines glücklichen ungefähren Zugs (§ I.) ist." (B 347)

Wenn Wein oder Blütengeruch Regie führen, hebt ein „Freudenfest" der Seele und des Geistes an, während die Sprache der „strengen Vernunft" verstummt. Wie fast hundert Jahre später Baudelaire rühmt Lichtenberg die Korrespondenz zwischen Sinneseindrücken und mentaler Inspiration. Die Ekstase des Körpers erhebt die Psyche zu „neuen unaussprechlichen Gedanken". Im physiologischen Wohlbefinden „logiert" das philosopische, im Rausch der Physik die Wollust der Metaphysik. „Logieren" ist dem Lichtenbergschen Sprachschatz entliehen, dem Vokabular seiner trockenen Nüchternheit, womit er die Idealisten der Zeit, die reinlichen Parteigänger der hohen Vernunft und des schönen Gefühls, zu brüskieren liebte: „Überhaupt wird immer von Kopf und Herz geredet und viel zu wenig vom Magen, vermutlich, weil er in den Souterrains logiert ist." (L 315) Wie? Haben die Souterrains nicht ihre eigene Würde und ihre spezielle Wirkung auf die Obergeschosse Herz und Kopf? Kontrapunktisch oder kontradiktorisch zur Wirkung von oben nach unten? Lichtenberg besitzt mehr Sinn für Dialektik und Wechselverhältnisse als seine räsonierenden Zeitgenossen:

„Hätte die Natur nicht gewollt, daß der Kopf den Forderungen des Unterleibes Gehör geben sollte, was hätte sie nötig gehabt den Kopf an seinen Unterleib anzuschließen. Dieser hätte sich ohne eigentlich dasjenige zu tun was man Sünde nennt satt essen und sich satt paaren und jener ohne diesen Systeme schmieden, abstrahieren und ohne Wein und Liebe von platonischen Räuschen und platonischen Entzückungen reden und singen und schwatzen können. Küsse vergiften ist noch weit ärger von der

Natur gehandelt, als das Vergiften der Pfeile der Feinde im Krieg." (B 323)

Das ‚Körperlichste' am Menschen, der Unterleib, denkt und empfindet und redet so entschieden wie der Kopf selbst und das Herz an sich. Er ist ihr Mit- und ihr Gegenspieler, er enthüllt sich als streitbar und ungefügig, sobald jemand nur wachen Sinnes seiner selbst inne wird. Dieser Wahrheit des Selbstbewußtseins verleiht Lichtenberg eine entwaffnende Sprache. Vor der Kühnheit einer Metaphorik, die unmittelbare Anleihen beim Alltag macht, bei alltäglichsten Wohnverhältnissen, muß das Idealistenpaar Vernunft und Herz seinen Alleinvertretungsanspruch aufgeben: „Ein gewisser Freund den ich kannte, pflegte seinen Leib in drei Etagen zu teilen, den Kopf, die Brust und den Unterleib, und er wünschte öfters, daß sich die Hausleute der obersten und der untersten Etage besser vertragen könnten." (B 344)

Mit der Wertschätzung des sinnenhaften und sinnlichen Körpers steht Lichtenberg am Beginn einer Tradition, die in der deutschen Geistesgeschichte Jahrhunderte hindurch marginal blieb und nur wenige Fixsterne vorweisen kann: nach Lichtenberg namentlich Heine, Nietzsche, Bloch. Man darf Heines ‚Zur Geschichte der Religion und Philosophie in Deutschland' als die historisch-essayistische, Nietzsches ‚Zarathustra' als die poetisch-dithyrambische, Blochs ‚Geist der Utopie' als die lebensphilosophische Fortführung dessen lesen, was bei Lichtenberg an leibbestimmter Erkenntnis angelegt ist. Sie ist konstitutiv für seinen ‚Materialismus' – die Sättigung der Philosophie durch die Physiologie.

Dieser Materialismus war indes nicht nur das Vorspiel zu einer randständigen Tradition – er diente Lichtenberg als Gärstoff seiner Zeitkritik. Ist es bei seinem natürlichen Interesse für den ganzen Körper verwunderlich, wenn er das *Geschlecht* des Menschen, nicht nur das *Menschen*geschlecht, aufs unbefangenste ins Auge faßt? Und ohne viel Federlesens das zeittypische Gebot der Keuschheit verspottet? Der Keuschheit, die der Frau als ihre höchste Ehre zugemessen wird! Und die sie der Religion zu Ehren opfert! Lichtenberg sieht das ganz ohne Pietät. „Die eine

Schwester ergriff den Schleier und die andere den Hosen-Schlitz." (C 5) Das Geschwisterpaar soll eine geheime Affinität hinter der eklatanten Antithese suggerieren. Zieht die fromme Schwester nicht bloß einen höchst durchlässigen Schleier vor ihr wahres Begehren? Muß sie nicht vor dem Schleier eine kleine Festung errichten?

„Ja die Nonnen haben nicht allein ein strenges Gelübde der Keuschheit getan, sondern haben auch noch starke Gitter vor ihren Fenstern [...] durch die Gelübde wollten wir wohl kommen, wenn wir nur durch die Gitter wären." (C 37)

Lichtenbergs scheinbar frivoles Spiel mit dem antithetischen Geschwisterpaar wie auch seine listige Umkehrung der Klosterkeuschheit zielen nicht auf die Frau und ihre natürliche Würde, sondern auf die Moral der Zeit, die das Natürliche bei ihr verleumdet. Da hilft nur die unverblümte Einrede gegen das Verblümte, die nackte Anatomie gegen die erzwungene Prüderie – Lichtenberg ist da um ein derbes Wort nicht verlegen: „Es ist eine schöne Ehre die die Frauenzimmer haben, die einen halben Zoll vom Arsch abliegt!" (J 100) Diesem Aufklärer schien der ängstlich behütete ‚point d'honneur' des Menschengeschlechts ein Verstoß gegen seine natürliche Geschlechtlichkeit.

Von der Körpersprache des Glücks und der Geistessprache des Körpers hat Lichtenberg selbst einleuchtende Beispiele gegeben. In einer Schrift, die für ein großes öffentliches Seebad in Deutschland wirbt (III, 95), läßt er die magisch-therapeutische Wirkung des Meeres auf den Badegast wiederaufleben. Es ist, als wäre der ganze Körper dieses Schriftstellers mit Spezialorganen für maritime Sensationen ausgestattet. Und es ist bezeichnend für das Ingenium Lichtenbergs, daß die Wahrnehmung der Sinne ihn unverzüglich zur Kontemplation anregt und Ideen freisetzt. An Lichtenberg läßt sich lernen, daß Sinnlichkeit und Sinnenhaftigkeit nicht etwa in einem Gegensatz zum Geist stehen, vielmehr ihn kräftigen und beweglich halten. Angesichts des Meeres verwandeln sich Lichtenbergs Sinnesorgane zwangslos in Organe des philosophischen und naturwissenschaftlichen Denkens: „Der Anblick der Meereswogen, ihr Leuchten und das Rollen ihres Donners, der sich auch in den Sommermonaten zuweilen hören läßt, gegen welchen der hochgepriesene Rheinfall wohl bloßer Waschbecken-Tumult ist; die großen Phänomene der Ebbe und Flut, deren Beobachtung immer beschäftiget ohne zu ermüden; die Betrachtung, daß die Welle, die jetzt hier meinen Fuß benetzt, ununterbrochen mit der zusammenhängt, die Otaheite und China bespült, und die große Heerstraße um die Welt ausmachen hilft; und der Gedanke, dieses sind die Gewässer, denen unsre bewohnte Erdkruste ihre Form zu danken hat, nunmehr von der Vorsehung in diese Grenzen zurück gerufen –, alles dieses, sage ich, wirkt auf den gefühlvollen Menschen mit einer Macht, mit der sich nichts in der Natur vergleichen läßt, als etwa der Anblick des gestirnten Himmels in einer heitern Winternacht. Man muß kommen und sehen und hören. Ein Spaziergang am Ufer des Meeres, an einem heitern Sommermorgen, wo die reinste Luft, die uns selbst das Eudiometer noch auf der Oberfläche unseres Wohnorts kennen gelehrt hat, Eßlust und Stärkung zuträgt, macht daher einen sehr großen Kontrast mit einem in den dumpfigen Alleen, der einländischen Kurplätze. Doch das ist bei weitem noch nicht alles. (...) Es kömmt sehr viel auf die Beschaffenheit des Bodens der See an. Zu Margate ist es der feinste und dabei festeste Sand, der auch den zartesten Fuß nicht verletzt, ihm vielmehr bei der Berührung behaglich ist, und gerade einen solchen Boden habe ich bei dem Neuen Werk gefunden.“ (III, 96f.)

Der Traum

Zur Sprache des Körpers gesellt Lichtenberg die des Traums, zum Materiellsten das Schwebende, Unwägbare. Lichtenbergs Wahrnehmungskraft, seine hochempfindliche Selbstbetrachtung spielen noch im Schlaf und im Traum fort. Sie sagen ihm, daß das Leben an der Schwelle des schlafenden Bewußtseins und der Traumgeschichte nicht haltmacht; es überschreitet diese Schwelle und bewegt sich ohne feste Zäsur zwischen beiden Sphären: „Wir leben und empfinden so gut im Traum als im Wachen und sind jenes so gut als dieses, es gehört mit unter die

Vorzüge des Menschen, daß er träumt *und es weiß*. Man hat schwerlich noch den rechten Gebrauch davon gemacht. Der Traum ist ein Leben, das, mit unserem übrigen zusammengesetzt, das wird, was wir menschliches Leben nennen. Die Träume verlieren sich in unser Wachen allmählig herein, man kann nicht sagen, wo das Wachen eines Menschen anfängt." (F 743)

Lichtenberg ist sich der Kühnheit seines Gedankens bewußt: „Man hat schwerlich noch den rechten Gebrauch davon gemacht." Nein, das Zeitalter der wachen Vernunft hätte sich kaum in die Behauptung verirrt, daß erst der Bund mit dem Traum das ganze „menschliche Leben" ausmache. Lichtenbergs ‚Verirrung' ist der Schritt in eine terra incognita – Neulanderkundung. Seine geschärften Sinne und ein an den Sinnen haftendes Bewußtsein geben ihm den Satz ein: „Es ist merkwürdig in dem Sehen ohne Licht, daß das, was man sieht wenn man die Augen im Dunkeln zuschließt, Anfänge zu Träumen werden können, bei wachender Vernunft ist die Folge ganz anders, als im Schlaf." (F 752)

Die Sprache des Körpers, seiner Sinnesorgane, erschließt der geistigen Aufmerksamkeit eine neue Domäne: den Übergang zum Traum. Der körperliche Sinn („Sehen ohne Licht") führt zur Einsicht in eine neue Erfahrung – in Traumgesichte. So eng sind Körper und Geist miteinander verknüpft! Während die Aufklärung es liebt, scharfe Distinktionen zwischen den Gegenständen zu treffen, erspürt Lichtenberg ihren Zusammenhang. Und dieser waltet zwischen wachem und träumenden Zustand in mancherlei Hinsicht:

„Was sind unsere Gedanken und Vorstellungen, die wir wachend haben, anders, als Träume, wenn ich wachend an meine verstorbenen Freunde gedenke, so geht die Geschichte fort ohne daß mir nur einmal einfällt sie seien tod, so wie im Traum, ich stelle mir vor ich hätte das große Los gewonnen, in dem Augenblick habe ich es, der hinten drein kommende Gedanke, daß ich es nicht gewonnen habe, wird erst hinten angetroffen als eine Urkunde zum Beweis des Gegenteils." (D 134)

Lichtenberg entdeckt die Verwandtschaft zwischen Nacht- und Tagtraum. Beide vergegenwärtigen die Toten oder das Unwirkliche als real. Der tätigen Vorstellungskraft ist alles lebendig; in ihrem Reich, ob am Tag oder im Schlaf, ereignet sich die Wiederauferstehung Gestorbener und die Ankunft des Fernsten. Und sie kann eine Glücksempfindung entbinden, die dem realen Glück mindestens ebenbürtig ist: „Der würkliche Besitz eines Guts gewährt uns zuweilen Vergnügen die nicht stärker sind als uns die bloße Vorstellung, wir besäßen es, gewährt." (D 134) Am Traum fasziniert Lichtenberg das Eigenleben der Vorstellungen und der Bilder. Es kann sein, daß sie vom wirklichen Dasein nicht eingelöst werden – dann sind sie Ersatzphantasien für ungelebtes Leben; es kann auch sein, daß sie realen Lebenssituationen vorgreifen und uns dagegen wappnen – als Lebenselixier:

„Träume führen uns oft in Umstände, und Begebenheiten hinein, in die wir wachend nicht leicht hätten können verwickelt werden, oder lassen uns Unbequemlichkeiten fühlen welche wir vielleicht als klein in der Ferne verachtet hätten, und eben dadurch mit der Zeit in dieselben verwickelt worden wären. Ein Traum ändert daher oft unsern Entschluß, sichert unsern moralischen Fond besser als alle Lehren, die durch einen Umweg ins Herz gehen." (A 125)

Dergestalt gewährt uns die träumende Einbildungskraft ein ‚Mehr' an Bilderfülle und Lebenskraft. Diesem ‚Mehr' korrespondiert ein ‚Geringer' – eine Bewußtseinsminderung: „Daß wir uns im Traume selbst sehen, kommt vom Spiegel-Sehen her, bei welchem wir nicht denken, daß es im Spiegel ist. Es ist aber im Traum die Vorstellung lebhafter und das Bewußtsein und Denken geringer." (F 1180) Keineswegs verbindet Lichtenberg mit diesem ‚Geringer' eine Geringschätzung des Träumenden oder gar eine Hochschätzung des wachen Bewußtseins. Letzteres taxiert er vielmehr kühl als Garanten geltender Übereinkünfte und konventioneller Grenzziehungen: „Da man im Traume so oft seine eigenen Einwürfe für die *eines andern* hält, z. B. wenn man mit jemandem disputiert, so wunderts mich nur, daß dieses nicht öfters im Wachen geschieht. Der Zustand des Wachens scheint also hauptsächlich darin zu liegen, daß man das *in uns* und *außer uns* scharf und konventionsmäßig unterscheidet." (II, K 85)

Lange vor Freud nähert sich Lichtenberg einer Merkwürdigkeit des Traumlebens – der Entgrenzung des fest umrissenen Ichs. Seine „konventionsmäßig" unterschiedene Identität schwindet – wie ja auch die übliche Grenzziehung zwischen Lebenden und Toten im Traum schwinden kann, beides bei nachlassender Einrede der Vernunft: „Daß einem (wenigstens mir) so oft träumt, man rede mit einem Verstorbenen von eben demselben als dem Verstorbenen, könnte von den ähnlichen Hemisphärien des Gehirns herrühren, so wie man doppelt sieht, wenn man Ein Auge drückt. Im Traum sind wir Narren, der Scepter fehlt, es hat mir oft geträumt, ich äße gekochtes Menschenfleisch. Von der Natur der Seele aus Träumen ist eine Materie, die des größten Psychologen würdig wäre." (F 607)

Wie weit wagt sich Lichtenberg vor, um das ‚Andere der Vernunft' zu ertasten! Es ist eine Expedition, die merk- und denkwürdige Funde macht. Nicht nur der Zeitenvermischung wegen, die der Träumende erlebt, der mit einem Verstorbenen dessen Verstorbensein beredet, als sei der unwiderruflich Tote zugleich der Lebendige und das Vergangene das Gegenwärtige. Auch das archaische Bild vom *gekochten Menschenfleisch* hebt Zeitgrenzen auf und läßt – diesseits des Tabus der Zivilisation – eine die Kulturzeit sprengende Frühphase menschlicher ‚Weltaneignung' erstehen. Dem Szepter der Vernunft entrückt, erscheint der Träumende dem Wachen im Rückblick als ‚Narr' – freilich als kluger, erkenntnisträchtiger Narr, dessen Traumleben einem Psychologen Hellsicht und Tiefblick abverlangt.

Hellsichtiger und tiefblickender Psychologe ist Lichtenberg selbst. Der Anwalt der Vernunft kennt auch ihre Schranken. Er bemerkt, daß ihr Szepter mit der Zensur im Bunde ist – und daß der Traum die Zensur lockert; sobald die Vernunft zu deuten und zu deuteln anfängt, mindert sie die unmittelbare Wahrnehmungsstärke: „Ich weiß aus unleugbarer Erfahrung daß Träume zu Selbst-Erkenntnis führen. Alle Empfindung, die von der Vernunft nicht gedeutet wird, ist stärker. Beweis das Brausen in den Ohren während des Schlafs, das bei Erwachen nur sehr schwach befunden wurde. Daß es mir alle Nacht von meiner Mutter träumt und daß ich meine Mutter in allem finde ist ein Zeichen wie stark jene Brüche des Gehirns sein müssen, da sie sich gleich wieder herstellen, so bald das regierende Principium den Scepter niederlegt." (F 684)

Der Traum Lichtenbergs löst die Grenzen der konventionellen Ich-Identität auf, wie später die Traumdeutung Freuds betonen sollte – er konturiert statt dessen das unkonventionelle verborgene Ich und bekräftigt es, wie neuere Traumhypothesen darlegen. Der Träumende wird auf *Brüche des Gehirns* aufmerksam, die von der wachen Vernunft eingeebnet wurden – auf jene unbewußten Gedächtniszellen, die das Bild der Mutter bergen, ein Traumbild und zugleich die heimliche Imago seiner Seele: das Sehnsuchtsbild, das er *in allem* findet. In der Reflexion seines Traums macht sich Lichtenberg das Unbewußte bewußt. Die Erinnerung vergegenwärtigt das Bild der Toten und belebt den Dialog mit ihr – Gegenwart und Vergangenheit ineinanderschlingend: Im Memento mori entgrenzt sich abermals die Zeit, Träumer und Traumdeuter werden eines Wesensbildes ansichtig. So erhält denn Lichtenbergs anfängliche Hypothese sinnliche Evidenz: *daß Träume zu Selbst-Erkenntnis führen.* Selbst-Erkenntnis, die, wohlgemerkt, fernab des Vernunftreichs, ja, dank seiner Suspendierung zustande kommt. So entschieden entfernt sich Lichtenberg hier vom Leitgestirn der Aufklärung – und so intuitiv stößt er das Tor zur Moderne auf – ihrer Wertschätzung des Traums als Medium der Erkenntnis. „Wenn Leute ihre Träume aufrichtig erzählen wollen, da ließe sich der Charakter eher daraus erraten, als aus dem Gesicht." (E 494) Was für ein Satz mitten im Zeitalter der Physiognomik, die den Charakter in den Gesichtszügen auszuforschen liebte! Anstelle dieses populären Wissenschaftstrugs die Lichtenbergsche Traumhypothese – außergewöhnlich genug, um bis zum Beginn des 20. Jahrhunderts auf ihre wissenschaftliche Erprobung zu warten.

Als Traumdeuter hat sich Lichtenberg selber versucht – mit der ihm eigenen Kombination von Scharfsinn und Einfühlungskraft. Ein *Bild* aus dem Jahre 1797, das ihn *oft beschäftigt* hat, sucht ihn im Traum heim. Eine junge und schöne Gräfin, die *in den Wochen* starb, wird gemeinsam mit ihrem toten Kind, das man aus ihr entfernt hat, in den Sarg gelegt und zur Familiengruft gefahren, wo die neugierige Volksmenge die Tote zu sehen begehrt: „Man öffnete den Sarg und fand sie auf dem Gesichte liegend und mit ihrem Kinde in einen Haufen geschüttelt. Das schöne Weib, schwerlich noch zwanzig Jahre alt, die Krone unsrer Damen, die auf manchem Ball den Neid der schönsten auf sich gezogen, in diesem Zustande!" (L 587)

Das Bild mußte die Phantasie Lichtenbergs, des Körperbehinderten, der mit dem Tod auf vertrautem Fuße stand, anstacheln. Die „gebrechliche Einrichtung der Welt" (Kleist) war darin wie in einem Spiegel eingefangen, in einem Spiegel mit einem besonders heftigen Riß, wie man hinzufügen darf, denn der doppelte Tod war nicht in würdiger Gestalt zu sehen, sondern *in einen Haufen geschüttelt*, ein trostlos zerstörerischer Anblick.

Diesen Umstand erwähnte Lichtenberg nur halb, als er den Vorfall *im Traum* nacherzählt: das tote Kind, das doch mit der Mutter den schrecklichen „Klumpen" bildet, vergißt er. Vielmehr: er ‚verdrängt' es, wie wir heute sagen würden, unter Berufung auf die Traumzensur; er halbiert, erschrocken, den *Klumpen*, um das Schreckliche leichter zu ertragen. Und damit nicht genug: er erfindet im Traum einen Dritten, der an seiner Stelle die Kindsleiche in Erinnerung ruft und den *Klumpen* wieder vervollständigt. Der Ich-Erzähler, der nicht zum alleinigen Schauplatz dieses Geschehens werden mag, braucht einen ergänzenden Er-Erzähler, der es gleichsam mitträgt.

Wenn Lichtenberg die Gewalt der verdrängenden Zensur nicht bemerkt, so entgeht ihm doch keineswegs die Herkunft des Er-Erzählers: er ist eine Kreation seiner eigenen Phantasie, sozusagen der Platzhalter seines Vergessens, nicht etwa ein fremder Einflüsterer. Als Teil seines Selbst aufgefaßt, bildet die Gestalt den Schlüssel zur Erklärung eines Charakterzugs. Lichtenberg erinnert sich daran, daß er in wichtigen Angelegenheiten essentielle Dinge zu ‚vergessen' pflegt. Der Er-Erzähler in seinem Traum wäre demnach der mahnende Gegenspieler seiner ‚Vergeßlichkeit', die Instanz der Erinnerung, die im Traum einklagt, was im Alltag so leicht versäumt wird: „Es wurde hier ein mir nicht ungewöhnlicher Vorfall dramatisiert." (L 587) Daß er im Traum „von einem Dritten belehrt" werde, sei stets „dramatisiertes Besinnen" (L 587) auf sein eigenes Selbst.

So gelangt Lichtenberg durch die nachdenkliche Vergegenwärtigung des Traums zur Erhellung seines Ichs: zur „Selbst-Erkenntnis". Davon handelt ein pointierter Aphorismus: „Die Träume können dazu nützen, daß sie das unbefangene Resultat, ohne den Zwang der oft erkünstelten Überlegung, von unserm ganzen Wesen darstellen." (J 72) Getreu seiner Maxime, daß erst die Verbindung des Wachens und Träumens das *ganze Leben* ausmache, begreift Lichtenberg den Traum als Lebensäußerung. Er verdichtet unser Wesen auf unbefangene Weise – seine Natürlichkeit ist der künstlichen Selbstreflexion überlegen. Erkenntnis, so demonstriert Lichtenberg noch einmal, ist allenfalls partiell ein Prozeß logischen Denkens – sie ist über die ganze Person verteilt und wird noch in der Unwillkürlichkeit des Traums greifbar.

Der Traum als Bilderspender und Lebenshelfer, als Medium der Selbst- und Zeitentgrenzung, als Einfallstor für die Selbstreflexion, das Eingedenken und die Verlebendigung der Toten – dieser Lichtenbergsche Traum ist von beinahe enzyklopädischer Vielfalt. Es nimmt nicht wunder, daß er auch dem Hüter des Traums, dem Schlaf, seine Aufmerksamkeit schenkt. Am Schlaf macht Lichtenberg eine für ihn charakteristische Entdeckung: er gewähre Entspannung und Sammlung, wo tagsüber Erregung und Arbeit herrsche – im Zwischenreich von Welt und Selbst, von Körper, Sinnen und Bewußtsein. Weil Lichtenbergs Erkennen in diesem Zwischenreich heimisch ist, weil es körperlich, sinnenhaft und geistbestimmt zugleich ist, also voller Spannkraft und dynamischer Spannweite, kann er auch seine notwendige Entspannung ergründen. „Die Nerven spitzen sich gegen das Ende zu und machen das aus, was wir sinnliche Werkzeuge nennen. Es sind die Enden, die nach außen stehen, und die Eindrücke der Welt empfangen. Diese sind vermutlich ohne unser Wissen beschäftigt, und beständig wach. Es gibt also bei dem Menschen, von der Spitze der Nervenfasern an nach innen zu gerechnet, eine Schicht, die (...) während sie in Arbeit ist, der Seele Begriffe zuzuführen, nicht auch in Arbeit sein kann, sich selbst zu erhalten und das Verlorne zu ersetzen." (II, K 86) Für diese Selbsterhaltung und für den Ersatz der verausgabten Energie sorgt der Schlaf. Er ist der Bürge dafür, daß die Spannung zwischen Welt und Selbst, zwischen körperlich-sinnhaftem Weltergreifen und ihrem seelisch-geistigen Begreifen sich erholen und wieder aufladen kann. Der Schlaf wäre die organisch-pflanzenhafte, vegetative Lebensform des Menschen, aus der das Selbst- und Weltbewußtsein neue Kraft schöpft: „und also muß das Meisterstück der Schöpfung zuweilen eine Pflanze werden, um einige Stunden am Tage das Meisterstück der Schöpfung repräsentieren zu können. (...) Die Geschichte enthält nur Erzählungen von wachenden Menschen; sollten die von schlafenden minder wichtig sein"? (II, K 86) Lichtenbergs Reflexion ist ein erster Schritt in die unbekannte Geschichte vom schlafenden Menschen, und wie bei seinen Traumgedanken stößt er das Tor zu einem modernen Erkenntnisinteresse auf.

Einbildungskraft. Bilder-Witz. Asymmetrie und Disproportionalität

Auf allen Erkenntniswegen Lichtenbergs kehrte bisher *eine* Ausdrucksform regelmäßig wieder. Ob er im Sprachgebrauch Mißhelligkeiten ertastet oder Sprachlaute imaginiert, ob er für Vernunft und Empfindung ein gemeinsames Zeichen sucht oder die Sprache des Körpers und des Traums widerspiegelt – immer wieder redet er in Bildern. In Bildern einprägsamer als in Begriffen. Hierin bleibt er zeit seines Lebens einer ‚Jugendliebe' treu:

„Von meiner ersten Jugend an waren Gesichter und ihre Deutung eine meiner Lieblings-Beschäftigungen. Ich habe mich und andere gezeichnet, ehe ich die geringste Absicht sah. Ich habe nicht einzelne Blätter, sondern Dutzende von Bogen voll Gesichter gekritzelt und ihre Bedeutung nach einem dunkeln Gefühl darunter geschrieben (...). Sehr früh habe ich mir Dinge unter Bildern gedacht, die sich andere entweder nicht unter diesen Bildern denken, oder wenigstens mit dem Bleistift auszudrücken nicht in sich selbst erwacht genug sind (...)." (III 260)

Wer so früh in Bildern denkt und fühlt und mit Bildern deutet, wird hochempfindlich gegen abgenutzte Tableaux – gegen die

Bilderfolgen einer empfindsamen Poesie zum Beispiel, wie sie seit dem *Göttinger Hain* die Literaturlandschaft bevölkern: „Der Sturm am Berge, das Rauschen des Eichenwaldes und das Silber-Gewölke sind alles ganz gute Sachen, aber neue Bilder sind besser." (F 731) Die Idiosynkrasie Lichtenbergs gegen den verbrauchten Bilderschatz paart sich mit dem Feingefühl für Unverbrauchtes – das entspricht *seiner* Empfindsamkeit gemäß seiner Geisteshaltung insgesamt. Sie verlangt nach neuen Ufern, in Bildern, Gedanken und ‚Seelensprache'. Das provozierend Unbürgerliche daran hat Lichtenberg lebhaft empfunden. Er hat sich einmal mit den klugen Narren verglichen, die uns durch das *„Unerwartete* und *Seltsame* in der Verbindung der Ideen" (J 529) frappieren. Eben das hat die damalige Epoche *Witz* genannt – die Paarung des Scharfsinns und des Einfallsreichtums; die Gabe, auf überraschend einleuchtende Weise eine Ähnlichkeit zwischen entfernten Gegenständen zu stiften. Nicht um der Überraschung willen, sondern der ungewohnten Sicht der Dinge wegen, einer neuen Wahrheit zuliebe: „Begriffe und Sachen zusammen zu bringen, die selten zusammenkommen, oder die gemeinen mit ungewöhnlicher Aufmerksamkeit und Beobachtungs-Geist anzusehen kann einen auf einen Gedanken leiten." (E 440) Dieses Experiment und die überraschende Verbindung des Auseinanderliegenden erfolgt bei Lichtenberg immer wieder mittels des Bildes. Sein Bild ist gleichsam die plastische Vergegenständlichung des ‚Witzes'. Etwas mit „ungewöhnlichem Beobachtungsgeist anzusehen", will heißen, den Geist in nie dagewesener Weise sehend zu machen und davon in Bildern zu zeugen. Eben darin bekundet sich Lichtenbergs Einbildungskraft, sein Bilder-Witz: „Er hustete so hohl, daß man in jedem Laut den doppelten Resonanz-Boden Brust und Sarg mitzuhören glaubte." (J 599) Brust und Sarg – auf eine Folter gespannt. Zwei ungleichartige Phänomene zu gespenstischer Nachbarschaft zusammengezwungen im metaphorischen Bild des doppelten Resonanzbodens. Das Gespenstische enthält ein verdrängtes Stück Wirklichkeit. Was wir, unbewußt oder flüchtig, in einem hohlen Husten an Untertönen mithören, ist zum Todeszeichen gefügt, kurz und trocken. Es ist ein todernster ‚Witz' – aber unser Erschrecken darüber wird pariert von einer ästhetischen Bewunderung: blitzartig ist das Entfernte, Brust und Sarg, in der Metaphorik des doppelten Resonanzbodens zusammengeschmiedet. Das ästhetische, den Schock dämpfende Vergnügen ist eine für das Kunsterlebnis typische ‚Ambivalenz'. Im Alltag könnten wir auf ein Todeszeichen nur mit Anteilnahme reagieren. Allein die Kunst provoziert und bändigt den Schrecken kraft seiner formbewußten Darstellung. Sie ermöglicht Distanz zu ihm und gewährt Lust an ihm in einem der Realität unerreichbaren Maß. Lichtenbergs Aphorismen haben – in unterschiedlichen Graden – an diesem Kunstcharakter teil.

Zum Lichtenbergschen Schock gehört die sachliche Unvereinbarkeit des Entfernten. Mit *Brust* und *Sarg* überschneiden sich die Sphären des Menschlichen und Dinglichen. Diese Diskordanz ist der Metaphorik Lichtenbergs eigentümlich. „Ich sehe das Grab auf meinen Wangen – den 16. April 1777." (F 488) Die persönliche Erfahrung färbt das Universum ein: „Der Todenkopf eine Weltkugel." (L 126) Würde jemandem die Weltkugel zum Totenkopf schrumpfen, es wäre schaurig genug. Vielleicht auch eine Nuance zu gespielt oder todessüchtig. Hier aber ist das Unfaßbare festgehalten: daß dem Totenkopf die Weltkugel entwächst. Die Geburt der Welt aus dem Geiste des Todes? Der Tod als spiritus rector der Welt? Die Welt als Zubehör des Todes? Die Reflexion darüber führt ins Bodenlose, ins Tief- und Hintersinnige. Dieser Geheimkraft des Bildes war sich Lichtenberg bewußt: „Die Metapher ist weit klüger als ihr Verfasser und so sind es viele Dinge. Alles hat seine Tiefen. Wer Augen hat, der sieht (alles) in allem." (F 369)

Das Ästhetische, Menschenwerk, übersteigt die Fassungskraft des menschlichen Kopfes: „Und so sind es viele Dinge." Lichtenbergs Bilder antworten auf eine existenzielle Erfahrung: die Unauslotbarkeit der Welt, ihre dem Geist sich entziehende Inkommensurabilität. Dem, der wahrhaft Augen hat und in die Tiefe blickt, wird die Unausforschbarkeit des Seienden besonders bewußt. Auf ihrem Höhepunkt vertieft sich die Aufklärung ins Geheimnis.

Es muß nicht die Metapher im eigentlichen Sinn sein, der

Lichtenberg eine Existenzerfahrung überantwortet. Er nutzt dazu auch den bildhaften Vergleich. Mag die Metapher, vom „Wie“ des Vergleichs entlastet, von Haus aus zwei verschiedenartige Sphären weniger rational aufeinander beziehen, ungeschützter und unmittelbarer sie verknüpfen: das vergleichende „Wie“ kann gleichwohl die Beziehungsglieder in eine bestürzende Spannung versetzen. „Dieser Gedanke arbeitete immer in seinem Gewissen wie eine Toden-Uhr. Im Gewühl der Geschäfte und des Umgangs unhörbar, aber in der Stille der Nacht hörte ihm die ganze Seele zu.“ (J 988)

Unverscheuchbar wie ein Memento mori geistert der Gedanke durch Gewissen und Seele, nachts, wenn die Zerstreuungen und Schutzvorrichtungen des Tages entfallen. So könnte eine Umschreibung des Aphorismus lauten. Sie würde ihn nicht angemessen wiedergeben. Denn da ist noch anderes geschehen: im Bannkreis des Gedankens hat sich der Tod gemeldet. Das vergleichende „Wie“ ist zusammengestürzt: Gedanke und Tod haben sich unmittelbar ineinander verkettet. Unter ihrer Doppelherrschaft steht die Existenz allnächtlich.

Der Gedanke als Todesfolter – so sieht ihn das Lichtenbergsche Bild. Es versetzt das Denken, die archimedische Mitte der Aufklärung, in eines exzentrische Unruhe. Der Gedanke ist nicht der Stifter eines geistigen Gebäudes und einer besseren Weltordnung, sondern Bewohner der Abgründe im Ich. Gelegentlich streift das Lichtenbergsche Bild im Zeichen des Todes eine moderne Surrealität. Mensch und Ding verkehren in absoluter Disproportionalität miteinander: „So traurig stund er da wie das Trinkschälgen eines krepierten Vogels.“ (F 572) Man kann sich keinen absurderen Vergleich vorstellen. Und doch ist in der Absurdität eine namenlose Trauer. Das Trinkschälchen des toten Vogels – hat es nicht seinen Lebenssinn und Daseinszweck verloren, jetzt, da sein einziger Gast es nicht mehr braucht? In dieser Verlorenheit und Unbrauchbarkeit steht der Trauernde da – niedergedrückt bis zur Winzigkeit des Trinkschälchens.

Lichtenbergs Einbildungskraft schweift auch sonst ins Surreale aus, ein Indiz für ihre widerspenstige Kraft, rational-kausaler Logik zu spotten, statt dessen Traumgesichtern sich zu nähern. „Jemanden mit einem Tränen-Fläschchen zu vergleichen": (L 218): aus dieser Idee hätte sich unversehens eine surreal traumhafte Vision entwickeln können. Keimhaft entwickelt sie der Satz: „Als auf einmal ein Donnerschlag Kopfweg rief." (L 533) Und eingestanzt ist sie dieser Bildverknüpfung: „Galgen mit einem Blitzableiter." (L 550) Freilich – das absurde Bild hält nicht bei sich selbst inne, es drängt die Vorstellungskraft zu beunruhigenden Assoziationen – Lichtenberg verkuppelt den Galgen, das Instrument einer barbarischen Todesstrafe, mit dem Wahrzeichen des neuesten Fortschritts (Lichtenberg hat höchstpersönlich in Göttingen den ersten Blitzableiter errichtet). Inhumanität und segensreiche Erfindung sind einander bedrängend nahe. Soll der Fortschritt gar die uralte Barbarei beschützen? Eine ihm anhaftende Zweideutigkeit offenbaren? Das Bild besitzt die für Lichtenberg charakteristische Vielsinnigkeit. Seine Prägnanz ist mit einer mehrstimmigen Aussagekraft im Bunde; seine Surrealität verweist auf eine hintergründige Realität.

Diese Realität zu entziffern, ist eine der wesentlichen Intentionen der Lichtenbergschen Bilderschrift. Ihr abrupter Perspektivenwechsel vom Mensch zum Ding versperrt dem Leser die gewohnte Sehweise. „Ich fürchte, unsere allzu sorgfältige Erziehung liefert uns Zwerg-Obst." (L 349) Zwischen Menschenerziehung und Obstanbau klafft ein Abgrund; in ihn versetzt Lichtenberg die kombinatorische Phantasie des Lesers, auf daß sie – verwundert, befremdet, erschrocken – die grundverschiedenen Sphären verknüpfe. Für seine provozierende Bilderschrift hat Lichtenberg eine Metapher gefunden: „Es ist fast unmöglich, die Fackel der Wahrheit durch ein Gedränge zu tragen, ohne jemandem den Bart zu sengen." (II, G 13) Eine verblaßte Metapher, deren Bildkraft kaum mehr wahrgenommen wird, ist ihrem Ursprung wiedergeschenkt: dem Feuer. Seine eingreifende, brandstiftende Wirkung ist unversehens weiter präsent, freilich auf eine für Lichtenberg typische Weise: das geläufige Pathos der Wahrheit ist ironisch gebrochen. Sie renommiert nicht etwa mit einem geistigen Flächenbrand, sie bescheidet sich mit einem gesengten Bart. Allerdings, ein Bart, das Zeichen von Manneswürde, und gesengt, gebrandmarkt... Und was richtet die

Wahrheit erst aus, wenn kein Gedränge vorherrscht, wenn sie vor dem einzelnen zu brennen anfängt? Lichtenbergs Bilder, die so eigenwillig-vorwitzig zwischen der Sache und dem Menschen wetterleuchten, haben ihre eigene Unwägbarkeit.

Die Wahrheitsfackel zündet Lichtenberg mit Vorliebe in einem zweiten Bildtypus an: der Kombination von Mensch und Tier. Sie kann noch einprägsamer und wirkungsvoller, von Fall zu Fall noch aggressiver und verstörender sein als die von Mensch und Ding. Denn das Tier ist, als Lebewesen, der Menschenwelt näher als das dinghafte Objekt, die intendierte Nachbarschaft folglich bedrängender. Lichtenbergs Einbildungskraft emanzipiert sich hier von einer ehrwürdigen literarischen Tradition: der Fabeldichtung. In ihr repräsentieren Tiere menschliche Typen, die Tierwelt menschliche Verhältnisse. Die Repräsentation ist dem Leser vertraut oder soll ihm vertraut werden. Die Tierwelt legt einen ‚natürlichen' Schluß auf die menschliche nahe; die grundverschiedenen Sphären gelangen in eine organische Analogie und harmonische Entsprechung zueinander. Lichtenberg dagegen hält die Sphären verstörend aneinander, zur Bestürzung des Lesers. Das Ungleichnamige drängt sich dem Bewußtsein auf; eine vertraute Anschauung der menschlichen Gestalt wird durch die tierische zersetzt. Selbst dort, wo Lichtenberg eine Freundlichkeit formuliert, hintertreibt er sie unmerklich durch den inadäquaten Vergleich: „Er hatte ein paar Augen, aus denen man, selbst wenn sie still standen, seinen Geist und Witz so erkennen konnte, wie bei einem stillstehenden Windhunde die Fertigkeit im Laufen." (II, H 116) Die erhabenen Zeichen der Menschenwürde einerseits, Geist und Witz – die instinkthafte Fertigkeit des Tieres andererseits: was für eine Vergleichswidrigkeit! Sie zollt ein Lob den hohen Tugenden Geist und Witz und zehrt im selben Atemzug an ihrer Dignität. Der ungewohnte Vergleich ist von einer entzaubernden, ernüchternden Geste nicht frei.

Lichtenberg liebt es, diese Geste zu forcieren. Sein sprunghafter Wechsel vom Menschlichen zum Tierischen zielt auf unser plötzliches Innehalten. Er schreckt vor keiner Drastik zurück, um unser Erschrecken zu provozieren – im Bunde mit unserer ästhetischen Bewunderung des schlagenden oder niederschlagenden Vergleichs, der unvergleichlich schrillen Dissonanz: „Er wurde nur so in dieser Gesellschaft gedultet, wie die Stinkböcke in Pferdeställen." (J 493) Das mag dem Leidenden entfahren sein, der seine körperliche Mißgestalt zuweilen wie eine öffentliche Blöße empfinden mochte – und ist doch dem gesellschaftlichen Schicksal von Außenseitern und Minderheiten wie auf die Stirn geschrieben. In Lichtenbergs Bilderschrift kann sich die Gesellschaft unversehens in ein Bestiarium verwandeln. Ein bevorzugtes Thema des klassischen Aphorismus – Verstellung und Heuchelei im menschlichen Miteinander – erfährt eine ungewohnt krasse Zuspitzung: „Die beiden Frauenzimmer umarmten sich aus Grimasse, und hingen zusammen wie 2 Vipern in coitu." (D 462) Lichtenbergs Bilder-Witz hat einen satirischen Einschlag im wahrsten Sinne des Wortes: das schamlos-giftige Tierbild schlägt wie ein Blitz in die Umarmungs-Szene ein und entblößt deren Niedertracht. Hier ist ein greller visionärer Realismus am Werk, der eines Goya, eines Daumier würdig ist. Der Aufklärer Lichtenberg wußte, auf wieviel Entmenschlichung eine ‚Erziehung des Menschengeschlechts' (Lessing) gefaßt sein mußte.

Gleichwohl ist auch krassen Bildern dieser Art die Lust ihres Erfinders an der überraschenden Pointierung und frappierenden Übertreibung anzumerken. Sie ist dem Bilder-Witz Lichtenbergs eingeboren. Sie legiert sich mit seiner Illusionslosigkeit und seinem Pessimismus gelegentlich bis zu Ununterscheidbarkeit: „Der Mensch kommt unter allen Tieren in der Welt dem Affen am nächsten." (B 107) Die Lust am Bilderfinden und -erfinden hat Lichtenberg einmal beredt zur Sprache gebracht – als eine vitale Quelle seines Daseins: „Ich habe oft stundenlang allerlei Phantasien nachgehängt, in Zeiten, wo man mich für sehr beschäftigt hielt. Ich fühlte das Nachteilige davon in Rücksicht auf Zeitverlust, aber ohne diese *Phantasien-Kur,* die ich gewöhnlich stark um die gewöhnliche Brunnen-Zeit gebrauchte, wäre ich nicht so alt geworden, als ich heute bin, 53 Jahr 1½ Monat." (L 228) Was in der rationalen Zeitrechnung als Verlust zu buchen wäre, das Stelldichein der Muße und der Muse, erweist sich als Lebenselixier.

Man könnte darauf Lichtenbergs schöne Wortprägung anwenden: „Zeit urbar machen." (C 245) Das Ungewöhnliche an dieser Prägung ist die Verbindung des Abstraktums mit einem Konkretum, das eine bildliche Assoziation mit sich führt: ein Stück wilder Natur mit seiner Hände Arbeit ‚urbar' machen. In Lichtenbergs kühner Fügung wird die gestaltlose Zeit dem Menschen zur Bebauung aufgegeben – sie zeigt ihn am Werk und vertraut seinem Einsatz. Von solchen Fügungen hallen die Aphorismen wider. In der Verkettung des Ungleichnamigen büßen Abstraktes und Konkretes ihre gewohnte Geltung ein und erhalten ungewohnte Konturen: „Er trug die Livree des Hungers und des Elendes." (B 199) Lichtenberg läßt die Livree – das schmucke Sinnbild eines Dienstverhältnisses und einer festen Stellung – polemisch verelenden. Er entreißt das Bild seiner ursprünglichen Sphäre und vernichtet seinen ‚Sinn'. Denn Hunger und Elend haben keinen anderen Schmuck und kein anderes Gewand als sich selbst. Die unverhohlene Darstellung ihrer Blöße – das ist ihre ‚Livree': die soziale Katastrophe, die das schöne Gewohnheitsbild annulliert. Die unvermittelte Engführung von Bildlichem und Abstraktem, Schmuck und Armut, gediegenem Dienstkleid und gesellschaftlicher Schmach, löst Bild und Bedeutung aus ihrem hergebrachten Sozialrahmen – und die Optik des Betrachters aus ihrer starren Einfassung.

Lichtenbergs Spiel mit dem Abstrakten und Konkreten, dem Begrifflichen und Bildlichen ist reich an Varianten. Dergestalt erneuert er das zerschlissene Profil der Sprache und ihrer Bedeutungen. Darf man es bei der landläufigen Weisheit belassen, daß „Not die Mutter des Fleißes oder der Erfindung ist"? Nein, man kann die verblaßte Metaphorik leibhaftig verstehen und die Frage stellen, „wer der Vater (...) oder die Großmutter oder die Mutter der Not ist". (L 500) So werden vielleicht die Hintergründe der Not, ihre Ahnen sichtbar – eine sinnvolle Gegenprobe zu ihrer gebräuchlichen Verklärung. Darf man weiterhin „die Geduld verlieren" oder „sich die Haare raufen" bei einer fast unlösbaren Aufgabe? Es wird unvermeidlich sein – aber glaubwürdiger und schmerzender hört sich die bildstarke Kühnheit Lichtenbergs an, er glaube, daß bei einer derartigen Arbeit „sich die Gedult selbst die Haare ausrisse". (D 245) Darf man einem Hundsfott den baldigen Tod wünschen? Man wird es erfolglos tun – in einer metaphorischen Sentenz Lichtenbergs aber erhält der Wunsch beinahe die magische Kraft der Vollstreckung: „Es wäre kein Wunder fürwahr wenn die Zeit einem solchen Schurken das Stundenglas ins Gesicht schmisse." (D 253) In dem Bild verschafft sich nicht nur die Empörung Ausdruck, sondern auch die Lust daran: die Lust der Einbildungskraft, der Zeit eine ungewohnte, kecke Physiognomie zu verleihen – sie mit menschlicher Tatkraft zu begaben und als Todesrichter zu inszenieren... Das Mißvergnügen an der eingefahrenen Redeweise äußert sich bei Lichtenberg im Vergnügen an ihrer bildlichen Wiederbelebung – ob er nun zur Not den Vater und die Großmutter erfindet oder die Geduld mit Haaren, die Zeit mit einer tödlichen Handlungsweise ausstattet. Aus Personifikationen und Vermenschlichungen schlägt Lichtenberg die Bilderfunken, die das Abgelebte – eine verblaßte Metapher, eine stehende und abgestandene Redensart, einen hohlen Begriff – zu neuem Leben erwecken.

Halten wir an dieser Stelle inne und blicken auf andere Todesbilder Lichtenbergs zurück. Eine Doppelbewegung seines Geistes zeichnet sich ab. Im Bild evoziert er den Tod und stellt sich seiner Allgegenwart: zum Lebensganzen gehört das Bewußtsein des Todes. Im Bild wendet er sich zugleich gegen das Tote um des wahren Lebens willen: das Scheinlebendige ist der Tod des Lebens. Der Wahrheit und Intensität des Lebens zuliebe hat er dem Scheinlebendigen bildlich heimgeleuchtet: „Wenn auch einmal einer lebendig begraben wird, so bleiben dafür hundert andere über der Erde hängen, die tod sind." (II, H 83) Die grammatikalische Struktur des Satzes („Wenn auch... so dafür") kokettiert mit einer Irreführung des Lesers: wenn auch einmal ein Lebendiger dem Tod zu opfern ist, so bleiben uns zum Trost hundert andere erhalten: scheinbar lebendige. Erst am Ende bemerken wir die Falle, die Lichtenberg uns stellt. Seine ironische Hinterlist geißelt das Scheinlebendige, das in der Maske des Lebens – das Leben tötet.

Lichtenbergs Bilder-Witz besitzt das Jähe von Blitzschlägen. Seine Pointen, seine unerwarteten Verwerfungen des Gewohnten, seine abrupten Perspektivenwechsel, seine pfeilschnellen Durchbohrungen des Redegebrauches, seine plötzlichen Verkettungen des Ungleichnamigen – sie suchen in Sekundenschnelle die Sprachlandschaft heim und stürzen die hergebrachte Stellung der Wörter und Bilder um. Gerade deshalb bleiben sie im Sprach- und Bilderbewußtsein der Leser haften. Es sind jähe Eingriffe mit Widerhaken, Zeugnisse des *bildlichen Denkens* Lichtenbergs, seiner bevorzugten Reflexionsform. Wenn es sich aphoristisch artikuliert, entstehen die für ihn typischen hochkonzentrierten Denkbilder. Sie fördern die Nachdenklichkeit des Lesers dank ihrer Kürze. Lichtenbergs Denkbilder, aufs äußerste verknappt, enthalten Ungesagtes. Was sie aussparen, schwingt im Lesenden weiter: als Assoziation, als Verführung zur Ergänzung, als stillschweigende Einladung zum Enträtseln.

Bildliches Denken fristete in Deutschland lange Zeit eine karge Existenz. Das ihm nachgesagte Zwitterwesen – es verwische die Grenzen zwischen Philosophie und Kunst – ist gerade seine Stärke und bürgt für seine Überlebenskraft, wie seine wenigen Repräsentanten bezeugen: von Lichtenberg über Heine und Nietzsche zu Bloch und Benjamin. Der im Bild aufgespeicherte „Tiefsinn“, den Lichtenberg einmal der Metapher nachgerühmt hat – er kann im Lesergedächtnis nachhaltiger fortwirken als der spekulative Begriff. Im Bild ist ein ‚Gehalt‘ komprimiert, den zu entziffern es vieler Worte bedarf. Dem Spiel des Denkbildes mit der äußersten Verknappung des Ausdrucks, mit dem Ungesagten und dem Verschwiegenen – diesem schwerelosen Spiel kann die reine, bilderlose Sprache nur mit dem Gewicht der ausführlichen Explikation begegnen. Pointiert formuliert: ein geglücktes Denkbild wiegt leicht einen Essay auf: „Einer zeugt den Gedanken, der andere hebt ihn aus der Taufe, der Dritte zeugt Kinder mit ihm, der Vierte besucht ihn am Sterbebette, und der Fünfte begräbt ihn.“ (II, H 107)

Über die Schöpfung, Ausschöpfung und Erschöpfung eines

Gedankens, über seine gesellschaftliche Zirkulation, seinen Umschlag auf den Handelsplätzen der Intelligenz ließe sich wohl ein kulturkritischer Aufsatz schreiben. Lichtenberg verdichtet den mehrstufigen Prozeß zu einer metaphorischen Miniatur – er siedelt ihn in der Sphäre des Zeugens, Wachsens, Vermehrens und Sterbens an. In diese natürliche Sphäre scheint auch das menschliche Leben einbezogen, denn Lichtenbergs Denkbild läßt die Gelenkstellen eines paradigmatischen Lebenslaufes hervortreten. Freilich, die Korrespondenz zwischen den Sphären, der kulturellen und der natürlich-organischen, will nicht ganz einleuchten. Was im Reich der organischen Natur und des Menschenlebens so selbstverständlich ist, ruft im Reich des Gedankens ein ironisches Lächeln hervor. Der Vermehrer eines Gedankens, der diesem einige Ableger, Sprößlinge, Nachkommen abgewinnt, ist bei weitem nicht so originell wie sein Schöpfer – vom Verweser zu schweigen, der ihn bis zur Verwesung exploitiert. Die gesellschaftliche Zirkulation des Gedankens, die sich so natürlich gebärdet, ist gerade ob dieser Natürlichkeit suspekt – das könnte die durchtriebene Pointe der Lichtenbergschen Ironie sein.

Ein wenig suspekt ist freilich dieser kulturkritische Kommentar auch. Er kann so wenig wie Kulturkritik und Wissenschaft überhaupt das Spiel der metaphorischen Ironie nachbilden. Diese Ironie verkehrt mit so leichtfüßiger und geschwinder Anmut zwischen dem Lebenslauf des Gedankens und des Menschen, daß jede begriffliche Festlegung diesen Grenzverkehr beschwert – der Nachteil der nichtkünstlerischen Sprache. Nie kann sie die schwebende Bewegung des Denkbildes erreichen. Es ist ihr immer voraus. Und es besitzt eine vitale Lebenskraft, solange Gedanken zirkulieren und Lebensläufe statthaben.

Solche Lebenskraft eignet nicht wenigen Denkbildern Lichtenbergs. Und manche werden im Prozeß ihrer Überlieferung noch lebenskräftiger: „Sind wir nicht auch ein Weltgebäude und eines, das wir besser kennen, wenigstens besser kennen sollten, als das Firmament?“ (L 305)

Aus der Feder eines Naturwissenschaftlers liest sich der Aphorismus merkwürdig – hat nicht gerade Lichtenberg zum

Aufschwung der Physik und Astronomie in seiner Epoche manches beigetragen? Vielleicht konnte er eben deshalb die Kehrseite des Aufschwungs scharfsichtig wahrnehmen: die Gefahr, daß der Mensch über der Erforschung des Weltraums sich selber vergesse; daß die Erhebung ins Weltall ihm die Flucht vor dem eigenen Ich erleichtere – der Selbstversäumung ein gutes Gewissen mache. Auf dieser Flucht stellt Lichtenbergs Sentenz den Menschen, und nicht nur den Menschen von damals, sondern dringender noch, proportional zur Expansion der Erforschung des Alls, den Nachgeborenen. Der Aphorismus erobert das imponierende Bild des „Weltgebäudes" für das Individuum, um es zur Selbsterkenntnis zu ermutigen.

Anstelle einer Bilderläuterung, die das Leserverständnis befriedigen könnte, bevorzugt Lichtenberg gelegentlich einen Bildkommentar, der das Erklärungsbedürftige offenläßt: „In jedes Menschen Charakter sitzt etwas, das sich nicht brechen läßt – *das Knochengebäude des Charakters;* und dieses ändern wollen, heißt immer, ein Schaf das Apportieren lehren." (II, G 60) Wie gemeißelt erscheint die neue Metapher – „das Knochengebäude des Charakters" – und eben deshalb zur Enträtselung reizend. Was sich da nicht brechen läßt – es könnte das Unerziehbare, Unwandelbare im Charakter sein, von Mensch zu Mensch verschieden. Hinge es folglich mit der spezifischen Individualität eines jeden zusammen – wäre es ihr unveräußerlicher Kern? Oder wäre es, von individueller Würde weit entfernt, nur das Unbelehrbare in einem Charakter, seine Verschlossenheit, an der jeder Aufklärungswille sich bricht? Zwischen diesen äußersten Polen der Deutung, einem positiv und einem negativ geladenen, erstreckt sich ein ganzes Feld von Deutungsanreizen. Gesichert scheint nur eines: am „Knochengebäude des Charakters" dürfte sich alle Aufklärungshybris, jeder systematisch verfahrende Erziehungswille brechen – nicht anders will es die aufgeklärte Skepsis Lichtenbergs. So wäre denn eine Rahmenbestimmung gewonnen. Wie aber den Rahmen füllen? Es wäre denkbar, daß Lichtenberg die Erforschung des „Knochengebäudes" in jedem einzelnen Fall aufs neue voraussetzt. Schon deshalb, damit man den anderen nicht wie ein Schaf traktiere – und sich selbst nicht wie ein Schafskopf aufführe; in erster Linie jedoch, damit man dem jeweiligen Individuum gerecht werde, noch vor jedem Erziehungsversuch. Das Geheimnis des „Knochengebäudes“ bliebe damit ein notwendiges, im Rahmen des Textes: auf daß, im Rahmen der Wirklichkeit, die Vergegenwärtigung der je besonderen Person nicht ausbleibe.

Der Skeptiker Lichtenberg war sich nicht nur der Grenzen bewußt, die das Individuum einem allzu wohlmeinenden Erziehungssystem setzte. Er kannte auch die sozialen Grenzen, auf die der Erziehungswille in seiner Epoche von vornherein stieß: „Es war eine Zeit in Rom, da man die Fische besser erzog, als die Kinder. Wir erziehen die Pferde besser. Es ist doch seltsam genug, daß der Mann, der am Hofe die Pferde zureitet, Tausende von Talern zur Besoldung hat, und die, die demselben die Untertanen zureiten, die Schulmeister, hungern müssen.“ (II, H 133)

Ein Schulfall Lichtenbergschen Erkennens! Zwei weit entfernte Phänomene – Pferdeaufzucht und Kindererziehung – gelangen durch den metaphorischen Brückenschlag des „Zureitens“ unversehens in befremdliche Nachbarschaft: nicht, um die Zureiter anzugreifen, sondern den Staat, der dem Tier den Vorrang vor dem Menschen gibt und den Menschenbildner in Nachteil gegenüber dem Tierzüchter setzt. Die Pointe dieser herausfordernden Antithese hat Lichtenberg zwischen den Zeilen versteckt: Der Staat weiß, was er seinen „Untertanen“ an Erziehung schuldig ist – ein Untertanen-Minimum; und er weiß, was er seinen Erziehern schuldig ist – einen Hungerlohn. So erhält er sein Herrschaftssystem. Lichtenberg hat sich mit einer Attacke auf dasselbe nicht begnügt. Anstatt einseitig die Herrschenden bloßzustellen, hat er im selben Atemzug die Blöße der Beherrschten aufgedeckt: ihre Sklavenmoral. Sie schien ihm identisch mit einer konstanten Mentalität des Menschengeschlechts oder doch seiner Majorität. Hatte diese nicht immer schon die Neigung, ihren Herrschern eine höhere soziale Geltung einzuräumen als ihren Erziehern – will sagen: hierarchisch-unfreie und ungleiche Verhältnisse friedlicher und befriedender Bildung vorzuziehen? „Ist es nicht sonderbar, daß die Beherrscher des menschlichen Geschlechts den Lehrern desselben so sehr an

Rang überlegen sind? Hieraus sieht man, was für ein sklavisches Tier der Mensch ist." (II, H 132) Lichtenberg komprimiert seine Tiermetaphorik in einer unüberbietbaren Pointe; seine Skepsis verweist die ‚Krone der Schöpfung' wieder auf ihren animalischen Ursprung.

Fröhliche Anarchie

Es macht den Rang Lichtenbergs aus, so versuchen wir nachzuweisen, daß er als Erkennender mehr ist als nur ein denkendes Wesen – nämlich sinnenhafter und sinnlicher Philosoph zugleich, empfindender, träumender, phantasierender Künstler. Mit dem Einsatz der ganzen Person – der Geistes- und Seelenkräfte und des Körpers – sich der Sprache öffnen, in ihre innersten Zellen vordringen, sie ummodellieren, erneuern, um der Erkenntnis einen Weg zu bahnen und ihr zum unverwechselbaren Ausdruck zu verhelfen: Dies ist eine der sinnfälligsten Eigenarten Lichtenbergs. Mit dem Stolz des Aufklärers, dessen Wort schlagkräftiger sein kann, als die despotische Waffe in einem Glaubenskrieg, ist er einmal dem militanten Ungeist in die Parade gefahren: „Mit der Feder in der Hand habe ich, mit gutem Erfolg, Schanzen erstiegen, von denen andere mit Schwert und Bannstrahl bewaffnet zurückgeschlagen worden sind." (E 422) Nur ausnahmsweise hat sich Lichtenberg dies kämpferische Pathos gestattet. Aber die Erfahrung des Glücks, die darin nachschwingt, ist von jener nicht verschieden, die im friedlichsten seiner Selbstbekenntnisse vorwaltet: „Ein rechtes Sonntagskind in Einfällen." (D 177) Komplementär zum Bild vom zielbewußten Ersteigen von Schanzen dankt diese Wortprägung dem Geschenk der Unwillkürlichkeit des Geistes: seinen Eingebungen, der Spiellaune der Phantasie, ihren Blitzlichtern und Blitzschlägen. Als ein rechtes Himmelsgeschenk mag Lichtenberg diese unwillkürlichen Erträge der Einbildungskraft empfunden haben, würdig einer metaphorischen Verankerung am Firmament: „Eine ganze Milchstraße von Einfällen" (J 344) – so lautet eine das Glück beschwörende Danksagung Lichtenbergs. Er hat seiner Melancholie zeitweise aufhelfen und den gestirnten Himmel der unverhofften Ideen erblicken, ja in Worte fassen dürfen. Für das Glück solcher Zustände hat Lichtenberg an anderer Stelle den Begriff der *Zauberkraft* und des *Rausches* verwendet, einprägsamer noch: das Bild vom *Freudenfest,* das die *offenen Sinne,* die *Seelenkräfte* und die *neuen unaussprechlichen Gedanken* gemeinsam feiern, bei gleichzeitigem Rückzug der *strengsten Vernunft.* Für dieses Fest der Inspiration zeigt Lichtenberg die schönste Schwäche oder glücklichste Stärke. Es ereigne sich, sagt er einmal, *nur in den Stunden,* wo die „wache, *nüchterne* Vernunft" „in der Gesellschaft des muntern Witzes und der verführerischen Einbildungskraft, einen kleinen Hieb hat" und „durch einen Strich von verwegner Leichtfertigkeit" (III 288f.) glänzt. Die Vernunft im Stadium höchst beschwingter Angeregtheit, flügelleichter Ekstase, verwegener Leichtfertigkeit – danach begehrt Lichtenberg von Zeit zu Zeit, begehrt der anarchische Zug seines Wesens.

Man dürfte kaum fehlgehen, wenn man das poetische Glück dieser Anarchie als die Kehrseite eines Selbstvorwurfs Lichtenbergs ansieht. Es betrifft einen gewissen periodisch wiederkehrenden Hang zur Unordnung. Bedrückend und rührend zugleich liest sich die überaus exakte Selbstdarstellung seiner Ordnungsverdrossenheit: „Es hatte so wenig Macht über sich selbst, daß er es nicht einmal über sich bringen konnte seinen Stock in eine gewisse Ecke einer Stube zu stellen, wie er sich doch vorgenommen, sondern wenn er nach Hause kam, so ging er an der Ecke vorbei und es war ihm gemeiniglich zu unbequem ihn aus der Hand zu lassen bis er an ein anderes Ende der Stube gekommen war." (B 397)

Nicht nur aus der Selbstanklage Lichtenbergs, auch aus der höchst ordentlichen, fast peniblen Nachzeichnung der Unordnung spricht eine Norm des aufgeklärten Zeitalters: jene, die zur Zweckmäßigkeit und Planmäßigkeit der Lebensgestaltung aufruft. Das Ordnungsprinzip ist der Aufklärung gleichsam eingeboren. Mußte an den Verstößen dagegen, und seien sie noch so privater Natur, nicht der seinem Selbstverständnis nach Aufgeklärte leiden? Noch einer der spätesten Aphorismen scheint gleichsam unterm Joch der Norm zu seufzen beziehungsweise den Seufzer im Einklang mit ihr aufzuheben: „Gerade wie auf meinem neuen Bibliotheks-Zimmer, sieht es in meinem Kopfe aus. Ordnungsliebe muß dem Menschen früh eingeprägt werden, sonst ist *Alles* Nichts." (L 691)

Der Mathematiker und Astronom Lichtenberg, der auf die Ordnung im All und auf die gesetzmäßigen Bewegungen der Gestirne seine Wissenschaft gründete – er büßte für seinen gelegentlichen Mangel an Ordnungsliebe mit Skrupeln und feierte die periodische Überwindung seiner anarchischen Neigungen wie einen Sieg: „Vorher war er sehr unordentlich. Es kostete ihn viel Mühe und er tat sich etwas Rechts zugute darauf, daß er drei Wochen hinter einander seine Schere, ein altes Messer, das er oft brauchte, und ein Federmesser an einem gewissen bestimmten Ort beisammen behalten konnte." (C 208) – Die Auskunft, auch wenn sie persönlich gemeint ist, hat doch eine eigene Verbindlichkeit für den ‚Prozeß der Zivilisation'. Die Lichtenbergsche Mühe hat Freud als unentbehrlich in diesem Prozeß hervorgehoben – und wie auf Lichtenberg, den Gestirneforscher gemünzt, liest sich seine Bemerkung, daß der Mensch „einen natürlichen Hang zur Nachlässigkeit, Unregelmäßigkeit und Unzuverlässigkeit an den Tag legt und erst mühselig zur Nachahmung der himmlischen Vorbilder erzogen werden muß."[9]

Lichtenbergs anarchisches Temperament – es war gewiß auch ein Einfallstor für schwermütige Neigungen, die er in der finsteren Selbstanklage zusammenfaßte: „Meine Hypochondrie ist eigentlich eine Fertigkeit aus jedem Vorfalle des Lebens, er mag Namen haben wie er will, die größtmögliche Quantität Gift zu eigenem Gebrauch auszusaugen." (II, K 23)

Aber die Anarchie, die den Hypochonder nähren mochte, stiftete auch sein Glück – das Glück des Schriftstellers: des *Sonntagskinds an Einfällen*, dem der ordnungswidrige Affekt zum überströmenden Reichtum verhelfen konnte. „Die seltsamsten Ideen schwärmten seinem Kopfe zu, als wenn ihre Königin darin säße, und das war auch wahr." (II, G 179) Sich selbst als den Mittelpunkt des Ideenschwarms zu wissen und die verschwenderische Fülle des Geistes an sich zu erfahren – welches bunt schillernde Widerspiel zur Melancholie konnte Lichtenberg da aufbieten! Sein Bilder-Witz liefert Proben davon. Er läßt die Vernunft bisweilen in dem Zustand sehen, wo sie in der Tat „einen kleinen Hieb“ hat, wo der Mut zum eigenwilligen Gedanken mit dem Übermut des „klugen Narren“ sich paart. Es ist die Stunde, wo die Grenze zwischen Tiefsinn und Un-Sinn zu verfließen beginnt. „So närrisch als es dem Krebse vorkommen muß, wenn er den Menschen vorwärts gehen sieht“ (D 125): So närrisch stellt Lichtenberg in dieser begnadet-leichtfertigen Stunde die Dinge auf den Kopf. Von der Menschenperspektive einmal abrücken und die des Krebses einnehmen, das Selbstverständlichste zum Unverständlichen verkehren – Verfremdungstechniken spielend erproben mit der ungewissen Aussicht, ob daraus ein neuer Fund, eine surreale Erfindung, eine pure sprachliche Finte wird: in diesem Zwischenreich zwischen Selbsterprobung der Vernunft und Verlockung durch den Aberwitz hält sich Lichtenberg mit Vorliebe auf. In diesem Reich ist kein Hut mehr seines Kopfes sicher, kein Begriff seiner uralten Bedeutung, und nicht einmal ein Gruß seiner gewohnten Gedankenlosigkeit. „Wie geht es, fragte ein Blinder einen Lahmen; Wie Sie sehen war die Antwort.“ (L 29) Die Sprache nimmt sich unversehens selber wörtlich, vielmehr bildlich: sie schaut sich ins eigene Gesicht, entdeckt das vergessene Bild des Gehens wieder und zahlt dem Grüßenden seine Gedankenlosigkeit pfiffig heim. Wer so blind dem Sprachgebrauch nach dem Munde redet, soll zusehen, wie seine Blindheit sehend wird... Ein Sprachwitz – und vielleicht auch mehr. Der Lahme setzt geltende Sprachregelungen außer Kraft, selbstironisch und spottlustig: es lebt sich schlecht mit ihnen, es geht sich und es sieht sich schlecht mit ihnen. „Wie lahmt es?“ wäre vielleicht ein ihm angemessener Gruß. Seiner Selbsterfahrung wie auch der Erfahrung des Blinden und wohl jeder anderen Selbsterfahrung stünde eine eigene Sprache gut an: eine, die auf den Leib, den gehbehinderten, auf das Gesichtsfeld, das erblindete, auf den jeweiligen Erfahrungshorizont, den ureigenen, zugeschnitten wäre.

Freilich – mit dieser Folgerung überdrehen wir den witzigen Dialog Lichtenbergs um eine entscheidende Nuance: um die des tiefsinnigen Ernstes. Sein verwegener Leicht-Sinn droht zu verstummen, und gerade er sprießt überall hervor und reißt die Sprache zu Kapriolen hin, zum reinsten Vergnügen der Leser. „So wie man den Heiligen eine Nulle über den Kopf malt" (F 167) – so anmutig frech kann sich Lichtenbergs Possenreißerei gebärden. Der Witz verliebt sich in den Aberwitz – wer hätte sich je träumen lassen, daß der Heiligenschein weniger noch als Schein sei, eine geheiligte Nullität, die Selbstoffenbarung des Kopfes? Der Aberwitz äfft auch die Logik, die aufgeklärte, nach, jene, die für alles eine Erklärung parat hat. Worin, beispielsweise, gründet der verborgene Zusammenhang zwischen Branntwein und Wasser? Im Racheakt des Wassers gegen seine Geringschätzung! „An eben diesem Tage ersoff der *Branntweinschenke* Conradi, in Brunnenwasser. Das Wasser, das seine vermaledeite Industrie gänzlich vom Schenktisch der Musen-Söhne zu verdrängen rastlos bemüht war, hat sich an ihm gerochen." (L 213) Der Schabernack äfft die Logik nach, die allerorten eine Ursache und eine Wirkung wittert. Und er inszeniert, im selben Atemzug, ein Sprachspiel, schlägt einen kühnen Bogen vom verruchten Branntwein zum unschuldigen Wasser, verkuppelt zwei entfernte Sorten von Flüssigkeit mit einem Handstreich, und mit demselben Streich verleiht er dem flüssigen Element die komisch-bedeutsamen Züge einer Rachegöttin. Lichtenbergs Schabernack hat Methode und ist zugleich reines, sich selbst erheiterndes Spiel – er dreht dem Welterklärungsernst der Aufklärung eine Nase, führt ihre ordnungsliebenden Sinnstiftungen aufs Glatteis, und deklariert mit verschlagenem Schalkslächeln: „Es ist nicht zu leugnen, daß das Wort *Nonsens,* wenn es mit gehöriger Nase und Stimme ausgesprochen wird, etwas hat, das selbst den Wörtern Chaos und Ewigkeit wenig oder nichts nachgibt." (D 636)

Der *Nonsens* und die *Ewigkeit* – sie bilden ein Paar, das des Lichtenbergschen Sprachwitzes würdig ist. Der Unsinn, einer Laune des Augenblicks vergnügt entsprungen, und der Tiefsinn, zur Zeitlosigkeit ausersehen, paart sich unter seiner frivol kuppelnden Feder und zeugen ein Geschlecht doppelsinniger Aphorismen. In ihnen treiben die Figuren der Rhetorik ihr fröhliches

Wesen. Die Aristokraten unter diesen Figuren, Metapher und Ironie, stellten wir an gesonderter Stelle vor. Hier sei der Blick auf das figurale Fußvolk geworfen, das Lichtenberg experimentierlustig zitiert, in Paarbeziehungen anordnet (der Parallelismus), zu Gegnern ummodelt (die Antithese), übers Kreuz führt (der Chiasmus), auf den Kopf stellt (das Paradox), steile Höhen erklimmen läßt (die Klimax) – und was dergleichen Sprachspiele mehr sind: Spiele, die sich die Sprache zu ihrem ureigenen Vergnügen gestattet, ihre „Reichsunmittelbarkeit“ behauptend (um das schöne Wort Gottfried Kellers zu zitieren) – die *Reichsunmittelbarkeit* gegenüber dem „Sinn“ (auch wenn dieser aus der Ferne hereinspukt). – Da ist der Parallelismus, der eine metaphorische Klimax von boshafter Absurdität ersteigt: „Die Braut war pockengrübig, und der Bräutigam finnig. Spötter sagten, wenn das Pärchen nur erst zusammengeschmiedet wäre, so gäben ihre Gesichter ein treffliches Waffeleisen.“ (II, H 87) – Da ist die Antithese, die spiegelbildlich verkehrt wird, auf daß sie in einem Paradoxon gipfle, welches unsere Sehgewohnheiten umstürzt: „Es regnete so stark, daß alle Schweine rein und alle Menschen dreckig wurden.“ (F 100) – Da ist der Chiasmus, der eine harmlos anmutende Dreierreihe giftzüngig entstellt, indem er ihr zweites und drittes Glied übers Kreuz führt: „So wie die Leibärzte der Ochsen Menschen sind, so hat man auch oft gefunden, daß die Leibärzte der Menschen Ochsen sind.“ (II, H 3104)

Derlei rhetorische Figuren sind nicht dazu da, um eine Sinnvorgabe zu vollstrecken – sie experimentieren vielmehr mit einem tiefgründig-absurden Doppelsinn. Ihm zuliebe sind sie da oder er ist ihnen zuliebe da – gleichviel; sie stellen mit sich selbst und miteinander Versuche an und führen sich in Versuchung: verbünden sich, tauschen ihre Plätze, kreuzen sich, bis ihnen eine witzige Pointe entspringt. Es sind Artistenexperimente, die Lichtenberg hier und andernorts vorführt. Unter seiner Feder beginnt die Sprache mit sich selbst zu spielen; sie setzt sich eine Narrenkappe auf, simuliert eine Clownsmiene, öffnet sich den Einflüsterungen des Absurden – und versetzt ihre Leser in eine fröhlich perlende Laune: „In einem Lande, wo den Leuten, wenn sie verliebt sind, die Augen im Dunkeln leuchteten, brauchte man des Abends keine Laternen.“ (II, G 155) Es wäre die schönste, energiesparendste aller Utopien, von der Leuchtkraft der Liebe erhellt.

Nur eine Phantasie, die sich der Schwerkraft der nüchternen Vernunft entwindet, kann so poetische Träume entwerfen. Sie spielen mit der Unwirklichkeit und spielen voll Anmut damit. Ihre Schwerelosigkeit rührt von ihrer Zwecklosigkeit her: von jeder Nützlichkeit entbunden, haftet ihnen der Zauber des Unverwertbaren an, der sich selbst beglückenden Einbildungskraft. Die Artistenexperimente und Phantasiespiele Lichtenbergs künden von jener „Reichsunmittelbarkeit“ der Sprache, die wir als ihre „Autonomie“ zu bezeichnen pflegen. Sie vermitteln einen Vorbegriff modernen Sprachverhaltens – des vom Sinn sich emanzipierenden oder ihn hintertreibenden Experimentalstils dadaistischer und surrealistischer Herkunft. Vor allem aber sind sie ein Widerspiel zu einer damals sich herausbildenden Rationalität, jener Verengung der Ratio, die eine Schwundstufe der Aufklärung darstellt: die Rationalität zweckgebundenen Denkens und Handelns. Obgleich nur eine Schwundstufe, besitzt diese Zweckrationalität seither eine unverwüstliche, unseren Lebensprozeß durchsetzende Vitalität. Ihr opponiert die auf das zweckfreie Spiel setzende Artistik Lichtenbergs; der naturwissenschaftlich-technischen Vernunft, die auf das Meßbare, Planbare und Nützliche setzt, weist sie ihre Unverwertbarkeit vor. Dem funktionsgerechten Gang des Lebens entzieht sie sich kraft ihres funktionslosen Spiels. Eines Spiels, das aller Kunst eingeboren ist – als ein Zeichen des ästhetischen Überflusses, der die Pragmatik der Daseinsvorsorge transzendiert.

II. Erkenntnisgegenstände. Welt- und Selbsterfahrung. Korrespondenz, Feuilleton, Essay, Entwurf

Den Ruhm Lichtenbergs haben die Aphorismen seiner ‚Sudelbücher' begründet.[1] Sie sind es auch, denen Forschung, Schriftsteller und Liebhaber der Sprache ihr Hauptaugenmerk widmen.[2] Erheblich geringeres Interesse erregen seine übrigen Schriften[3]; entsprechend sporadisch sind auch die Versuche, zwischen ihnen und seiner Aphoristik Zusammenhänge herzustellen.[4] Die Einheit der Lichtenbergschen Schriften zu erweisen ist noch ein Desiderat.[5] Eine Möglichkeit, Zusammenhänge wahrzunehmen, soll hier gezeigt werden.

Geht man von den Erkenntniskräften und Stilformen der Aphorismen aus, so lassen sich Verbindungslinien zum Gesamtwerk Lichtenbergs ziehen – zu seiner reiseliterarischen Korrespondenz, seiner Essayistik, seinen Streitschriften, Satiren, Kunstkommentaren und epischen Phantasien. Auf die empirische Erfahrung etwa, die als Erkenntnismodus die Aphorismen mitprägt, machen größere Texte Lichtenbergs die ausführlichste Probe – in Gestalt der großstädtischen Welterfahrung; Erfahrungskomponenten wie Empfindungsstärke und Wahrnehmungskraft der Sinnesorgane entfalten sich nach dem Maßstab der aphoristischen Keimformen; andere Erkenntnismodi wie vernunftbegründete Skepsis, Autoritätszweifel, hermeneutische Reflexion schärfen die umfassende Kritik herrschender Moden und Ideologien. Und vor allem kehren in den größeren Schriften Lichtenbergs die Formkräfte wieder, in denen sich ein aphoristisches Erkennen ästhetisch artikuliert: Bildlichkeit, Bilderwitz, Rhetorik. Dem Reichtum der Phantasiebilder Lichtenbergs korrespondiert sein geschärfter Sinn für Realitätsbilder und für die Bilderwelt der Kunst. Inneres, äußeres und ästhetisches Auge vereinigen sich zu einer außergewöhnlichen Kunst des Sehens.

Die angedeuteten Zusammenhänge mögen durch die exemplarische Analyse von Lichtenbergs Londoner Schriften – seine reiseliterarischen Briefe und seine Theaterberichte – sowie seiner Streitschrift wider die Physiognomik deutlicher werden. Die Vernachlässigung solcher und anderer Texte[6] hängt mit dem Vorurteil zusammen, Lichtenbergs Stärke sei das Aphoristische gewesen, nicht die mehrstufige Komposition und das ausgearbeitete Werkganze.[7] Seine Essayistik bezeugt jedoch die bemerkenswerte Kohärenz stabiler Ideenkonfigurationen. Eine *exemplarische* Lektüre kann zugleich ihren komplexen zeitgeschichtlichen und – überzeitlichen Gehalt entschiedener als bisher konturieren. Eine *kursorische* Lektüre der Lichtenbergschen Kunstkommentare zu Hogarth und seiner essayistischen Kritik zweier relevanter Epochenphänome, einer hypertrophen Empfindsamkeit und eines hybriden Rationalismus, tritt ergänzend hinzu.

Als leidenschaftlich miterlebender, abwägend urteilender oder polemisch kommentierender Zeitzeuge bringt Lichtenberg bewußt auch die eigene Person ins Spiel: die Selbsterfahrung einer widerspruchsvollen Subjektivität. Ihr ist das Schlußkapitel gewidmet.

Brief und Essay aus der Fremde. Reiseliterarisches. Die Londoner Primärerfahrung. Weltfülle und widerstrebendes Ich

Lichtenberg weilt zwischen April und Mai 1770 zum erstenmal in England. Seine Londoner Briefe[8] aus diesem Zeitraum hallen von der Fassungslosigkeit dessen wider, der aus seinem gewohnten Leben herausgeschleudert wird und die archimedische Mitte seines Ichs zu verlieren fürchtet. Identitätsbedrohung im Banne unerhörter Erlebnisse – das ist die Signatur dieser Briefe. Weil Lichtenberg seine Prägung durch das Leben in der Provinz in keiner Weise verleugnet und eilfertig überspielt, erfährt er London, die ‚Hauptstadt der Welt', um so einschneidender an Leib und Seele. Eitle Anpassungsbereitschaft an die Großstadt hätte deren exzentrische Anstößigkeit abgemildert. Lichtenberg läßt statt dessen die Kleinstadt als kontrastives Bezugsfeld gleichsam mitreisen. Die erste fundamentale Störung für ihn ist die Unordnung, die in seinem „Kopf" angesichts der „Menge von neuen Gegenständen" entsteht. Gegenüber der Überschaubarkeit des Provinzlebens hat die phänomenale dingliche Fülle der Großstadt die Wirkung einer Explosion:

„Ich vergaß immer über das letzte das erste völlig, und lebe noch jetzo würcklich in einer solchen Verwirrung daß ich mich, der ich sonst mit kleinen Stadtneuigkeiten Bogen anfüllen könte, in großer Verlegenheit befinde aus London und aus dem Wust von Dingen die ich sagen könte, so viel klar zu bekommen, als zu einem kleinen Brief nöthig ist. Ich habe die See, etliche Kriegsschiffe von 74 Canonen, den König von Engelland in seiner gantzen Herlichkeit mit der Crone auf dem Haupt im Parlamentshaus, Westmünsters Abtey mit den berühmten Gräbern, die Pauls Kirche, den Lord Major in einem grosen Aufzug und unter dem Gedränge von vielen tausenden, die alle huzza, God bless him, Wilkes and liberty schrien gesehen, und zwar alles in einer Woche." (I, 20f.)[9]

Das hypotaktische Gefüge des ersten Satzes wahrt mit Mühe eine Ordnung, die dem Geist und der Psyche abhanden gekommen ist: „Verwirrung" lautet die Diagnose. Das parataktische Gefüge des zweiten Satzes mit seiner willkürlichen Addition von Sehenswürdigkeiten läßt diese zu Schemen verblassen: sie wurden nicht erlebt, nicht in ihrer Besonderheit wahrgenommen; sie trennen, grammatikalisch betrachtet, das Subjekt („Ich") endlos lange vom Prädikat („sehen") und zeigen dadurch an, wie sehr der Betrachter sich seinem eigenen Wahrnehmungsakt entfremdet. Während heute das Bewußtsein Objekthäufungen in der Großtstadt zu neutralisieren pflegt, hält Lichtenberg noch das Befremden ihnen gegenüber ungemildert fest. Sein Unvermögen, die dinglichen Phänomene zu sichten und zu ordnen, führt von der Desorientierung der Sinne zur Desorganisation des Ichs:

„Geht man aus, so ist die Zerstreuung auf der Straße noch gröser, das ungeheure Getöße überall, und die Menge von neuen Dingen wohin man nur sieht, das Gedränge von Chaisen und von Menschen, sind Ursache, daß man gemeiniglich spat oder wohl gar nicht dahin kommt, wo man hin will. Mir ist es neulich so gegangen, ich gieng aus mit dem festen Entschluß nach HE Dietrichs Correspondenten auf dem Strand zu gehen, allein ich blieb ehe ich hinkommen konte, an Silberboutiquen, Boutiquen von indianischen Waaren, Instrumenten u dergleichen hängen, daß ich kaum Zeit hatte, noch zu rechter Zeit zum Ankleiden nach Hauß zu kommen, und HE Elmsleys Hauß wurde bey dieser ersten Expedition nicht erreicht.“ (I, 21)

Die akustische und die optische Explosivität der großstädtischen Objektwelt kann vom Sinnesapparat nicht pariert werden. Das Subjekt erlebt diese Welt als flutendes und tösendes Chaos, in dem es sein räumliches und zeitliches Orientierungsvermögen einbüßt. Diese Enteignung des gewohnten Raum- und Zeitbewußtseins prägt essentiell Lichtenbergs erste Großstadterfahrung. Stilistisch wird dies evident in Lichtenbergs selbstironischem Wortspiel, „daß ich kaum Zeit hatte noch zu rechter Zeit zum Ankleiden nach Hauß zu kommen“; syntaktisch in der Weg-Ziel-Verhinderung: der anfangs des Satzes angepeilte Bestimmungsort rückt durch Zwischenorte aus dem Blickfeld und wird erst am Ende wieder mühselig-ungeschickt eingeblendet – als „nicht erreicht“! In der Satzführung schafft sich das Vergessen eine eigene Sprache. Es ist ein Vergessen, das sich zur Selbstvergessenheit auszuweiten droht. Denn der Gelehrte aus der deutschen Provinz wohnt in London unter Umständen, die seine Erfahrungen der Straße Punkt für Punkt im Privaten nachbilden:

„Ausserdem lebe ich hier in einem Hause, wo ich keine Zeit und Ruhe habe mich zu sammeln, und wie an einem Hofe, ich muß mich des Tages zweymal ankleiden speise um halb fünfe zu Mittag und offt um halb zwölfe zu Nacht, gewöhnlich in grosen Gesellschafften. (...) Man hat mich hier so aufgenommen, und begegnet mir mit einer Achtung, die ich auf keine Art erwarten konte, die ich im künfftigen nie brauchen kan, und wozu es überhaupt mit mir zu spät ist, und die ich äuserst hasse. Solte ich gar anfangen ein Vergnügen daran zu finden, so wäre ich völlig verlohren. Desto angenehmer solte es mir aber seyn, wenn ich mehr für mich und niedriger leben könte; wenn ich gleich dieses Glück mit Verrichtungen erkaufen solte, deren ich mich zu Hause nicht unterziehen würde.“ (I, 21 f.)

Das „Glück“, das Lichtenberg heraufbeschwört, ist in der *Kontemplation* beschlossen. Das gegenwärtige Unglück hingegen in der *Repräsentation.* Daß er „keine Zeit und Ruhe habe, sich „zu sammeln“, rührt an die archimedische Mitte seiner Existenz. Die Nötigungen des Stundenschlags verhindern die Nachdenklichkeit des Zeitzeugen, in deren Schutz seine Beobachtungen reifen können; erst die zwanglose Reflexion, die gelassene Spiegelung des Erlebten im eigenen Geist, verbürgt ihm Glück. Die Verlagerung der kontemplativen Haltung nach außen, in die exzentrische Sphäre des Sichankleidens, des Speisens und der Konversation, ahndet Lichtenberg mit einer ungewöhnlich heftigen Reaktion – mit dem „äußersten“ Haß dessen, dem der Selbstverlust droht. Der Gelehrte und Intellektuelle grenzt sich entschieden vom Hofmann und dem ‚Mann von Welt‘ ab und hält in dieser Abgrenzung dem eigenen Ich die Treue. Der Gegensatz zwischen kontemplativer und repräsentativer, introvertierter und extrovertierter Existenz, der sich hier offenbart, ist freilich nicht nur der zwischen Gelehrtem und Weltmann; er hat auch zeitgeschichtliche Bedeutung, denn er konfrontiert das kleinstädtische Dasein einer „eingezogenen Seele“, als die sich Lichtenberg an dieser Stelle bezeichnet, mit den vornehmen Gesellschaftskreisen, welche die alte höfische Lebensart in die weiten Räume der Großstadt überführt haben, wo zeitaufwendige Fahrten in Kutschen und Karossen nötig sind. Dergestalt verweist Lichtenbergs Londoner Erfahrung auf epochale Gewichtsverschiebungen vom Leben in überschaubarer, stiller Provinz zur großräumig turbulenten Existenz in den neueren Großstädten.

Und damit nicht genug. Die Spannung zwischen kontemplativem und repräsentativem Dasein entpuppt sich auch als soziologisch bedeutsam. Der teuren Repräsentation würde Lichtenberg am liebsten gleich entsagen – „wenn ich mehr für mich und niedriger leben könnte“. In einem zeitgleich verfaßten Brief hat Lichtenberg dieses „niedriger“ als die ihm gemäße Kontemplation bürgerlich bescheidener Lebensführung definiert: „Ich muß hier etwas zu vornehm leben um viel lernen zu können, ich wolte viel darum geben wenn ich mit meiner Göttingischen Niedrigkeit in London leben könte, so aber bin ich genöthigt mich täglich zweymal auf verschiedene Art anzukleiden, immer in großen Gesellschaften zu seyn und zu speisen, neue Lebens Art zu lernen die ich jenseits der See nie brauchen werde und kan."[10] Ist der ‚Mann von Welt' in aristokratisch-luxuriöser Sphäre zu Hause, so der Gelehrte und die professionelle Intelligenz im mittelständischen Milieu. Lichtenberg hat im übrigen das „Niedriger" in seinen Londoner Briefen restriktiv und extensiv zugleich aufgefaßt: als Abgrenzung seines bürgerlichen Stands nach oben wie auch als Perspektivenerweiterung nach unten, zum „englischen Pöbel" hin: „Was für Gesichter ich da gesehn habe, läßt sich unmöglich beschreiben, halbnackende Männer und Weiber Kinder, Caminfeger, Kesselflicker, Mohren und Gelehrte, Fischweiber und Frauenzimmer in grosem Staat, alles war in sich selbst vergnügt und jedes mit seiner eigenen Grille berauscht und schrie und lachte ohne jemanden zu kräncken."[12] Lichtenbergs Vorliebe für das ‚genus humile', das Ungekünstelte, Volksgemäße, Alltägliche, ist nicht nur ein Stilphänomen, sie hat auch soziale Reichweite. Der malerische Anblick einer bunt gewürfelten Volksmenge, die er in Deutschland nirgendwo hätte antreffen können, war ein Gegenpol zu der ihm auferlegten „vornehmen" Lebensart. An solchen Kontrasten schulte sich sein Realitätssinn, erweiterte sich sein Gesichtskreis. Vielleicht die provozierendste Horizonterweiterung verdankt er, nach den großstädtischen Attacken auf das Hören und Sehen, der brüsken Konfrontation mit dem weiblichen Geschlecht. Sein Brief vom 19. April 1770 an Dieterich, den Freund und Gevatter, verhehlt bei aller Ironie und Possenreißerei weder sein Entzücken noch sein Erstaunen über die neuartige Welt der Frauenzimmer. Ihr nähert er sich auf dem zart gewundenen Umweg über das „Geheimnis", das er von seiner unverdächtigen Bedeutung schalkhaft in die verdächtigen „Geheimnisse" des anderen Geschlechts hinüberspielt, so daß sein hymnisches Frauenlob von da an stets auch seine erotische Neugier verrät: „Ich habe in meinem Leben sehr viel schöne Frauenzimmer gesehen, aber seit dem ich in Engelland bin, habe ich mehrere gesehen, als in meinem gantzen übrigen Leben zusammen genommen, und doch bin ich nur 10

Tage in Engelland." (I, 28) Die erstaunliche Akkumulation rührt von den weitverzweigten Bedürfnissen einer Großstadt her, Bedürfnisse, die das käufliche Gewerbe ebenso erforderlich machen wie etwa das honette Gewerbe der Aufwärterinnen und „Putzkämmerinnen". Zwischen beiden Gewerbearten schweift Lichtenbergs Phantasie angeregt her und hin – ein Zeichen dafür, daß die Großstadt erotisches Wahrnehmungsinteresse und sexuelles Verlangen unverblümter stimuliert als die Provinz. Um welches städtische Gewerbe es sich auch handeln mag – sobald „Frauenzimmer" in ihm tätig sind, erzwingt die Konkurrenzsituation von ihnen die Erotisierung der Schönheit zum gefälligen Reiz, der die Aufmerksamkeit der Käufer fesseln soll. Diese Strategie des Kaufanreizes kraft erotischer Reizimpulse, ein für die Großstadt bezeichnendes Phänomen, spiegelt sich in Lichtenbergs Brief an den Intimus Dieterich wieder. Seinen ironisch forcierten Zahlenspielen, die den Kaufwert weiblicher Schönheiten umkreisen, eignet die Ambivalenz des Manns, der seine angestachelte Erotik nur zögernd in die Schranken weisen möchte, also die ständig provozierte Lust mit Abwehrgebärden zu meistern versucht und ihr zugleich sehnsüchtige Blicke nachwirft.

Erfahrungswandel. Die Aneignung der Welt

Wenn Lichtenbergs Briefe vom Januar 1770 die primären Großstadteindrücke eines Reisenden aus der Provinz ungeschützt festhalten, so zeigt der berühmte London-Brief an Ernst Gottfried Baldinger fünf Jahre später (10. Januar 1775) gleichsam die Konsequenzen aus der Primärerfahrung: Er läßt die Schutzzone sehen, die das ehemals ungeschützte Ich sich nun geschaffen hat. In dieser Hinsicht ist der Brief ebenso beispielhaft wie sein Vorgänger, der von der Schutzlosigkeit des Subjekts in der Fremde erzählt hatte. Modellcharakter besitzt der Brief von 1775 aber auch deshalb, weil er in nuce typische Reiseperspektiven der nachfolgenden klassisch-romantischen und biedermeierlichen Epoche vorwegnimmt.[12] Er entfaltet ein panoramatisches Arrangement rasch wechselnder Szenen und Portraits, wie es für die Reiseliteratur von Jens Baggesen bis Heine und Börne, von Johanna Schopenhauer bis Fürst Pückler-Muskau charakteristisch ist. Panoramatisch an diesem Arrangement ist der souveräne Blick, mit dem der Betrachter von seinem höheren Standort die Sequenz der Begebenheiten umfaßt. Sie werden teilweise unter jenem ‚romantisch-malerischen' Aspekt dargeboten, den nachfolgende reiseliterarische Zeugnisse immer wieder aufbieten; teilweise sind sie ausdrücklich als „Gemälde" entworfen, eine Darstellungsart, auf die der Ehrgeiz fast aller Reiseschriftsteller zielen wird.

So schweift der Blick Lichtenbergs zu Beginn seines Briefs[13] von seinem königlichen Wohnort in Kew auf den benachbarten „weltberühmten Garten", der ihn zu „romantischen Spaziergängen in der süßesten Melancholie" einlädt, ehe er von der nicht minder berühmten Londoner Cheapside und Fleetstreet ein „Gemälde" anfertigt.[14] (Als Übergang hat er ein gedankenverlorenes Intermezzo am häuslichen Kamin eingestreut.) Beide Darstellungsstile, sowohl der romantisch-malerische im stillen Umkreis der „reizenden" Gartenlandschaft wie der lebhaft und üppig kolorierende im Banne Londons, treten in auffälligen Kontrast zueinander – und auch der das Publikumsinteresse fesselnde Kontrast wird zu den zentralen Marktstrategien reiseliterarischer Werke gehören. Er ist eine hervorstechende Komponente im „Gemälde" selbst, und er belebt, ja dramatisiert auch an anderen Stellen Lichtenbergs Brief. Zum Gemälde gesellt sich in Reisezeugnissen gewöhnlich das Portrait berühmter Zeitgenossen, das der Reisende um der ‚Authentizität' willen eigenhändig, aufgrund einer persönlichen Begegnung oder eigener Zeugenschaft, zeichnet, auch dies ein wohlkalkulierter ‚Anschlag' auf die Publikumsneugier. Mit seinen Portraits populärer, teilweise weltbekannter Schauspieler kommt Lichtenberg einem verbreiteten Interesse seiner Adressaten bereitwillig entgegen. Von der romantischen Idylle in Kew über das bunte Straßengemälde Londons bis zur Charakteristik seines Theaterlebens spannt Lichtenberg einen wohldurchdachten, leserwirksamen Bogen.

Gemessen an dieser sorgfältig gestuften Reiseästhetik wirkt Lichtenbergs entschuldigender Hinweis am Ende des Briefs – „Ich schreibe so dahin, offt muthwillig, offt unbesonnen und übereilt“ (I, 494) – beinahe kokett; er hört sich an, als sei er Opfer seiner Spontaneität. Ein Brief, der nicht für einen Empfänger allein, vielmehr ausdrücklich zum Vorlesen im Freundeskreis bestimmt ist, wird das Spontane und Improvisierte in Grenzen halten, wird ihm Raum geben, um die persönliche Erfahrung zu profilieren, sie einbinden in eine ‚hoffähige‘, den gesellschaftlichen Erwartungshorizont mitbedenkende Schreibart. Wenn Lichtenberg von der „süßesten Melancholie“ seiner Spaziergänge in Kew zur gedankenverlorenen Melancholie am häuslichen Kamin übergeht, so spricht sich darin seine Subjektivität spontan und gleichzeitig bedacht aus, denn von ihr hebt sich bald darauf die abenteuerliche Vitalität des Londoner Straßenlebens ab. Ein wirkungsvoller Kontrast! Die Darstellung dieses Straßenlebens läßt besonders eindringlich das Spannungsverhältnis zwischen spontaner und artistisch kalkulierender Subjektivität hervortreten. Der Schreibende fängt so unmittelbar wie nur möglich alle Sinneswahrnehmungen ein, aber er ordnet sie gemäß ihrer Eigenart zunächst in optische, taktile und akustische; erst dann verschränkt er sie miteinander und setzt sie zur Beschreibung dramatischer Episoden ein. So teilt er dem Leser den Ausdrucksreichtum seiner Subjektivität und zugleich ihre Spiegelung im Rückblick mit: ihre unmittelbaren Reflexe und ihre Reflexivität im Medium der Erinnerung.

Gerade der subjektive Ausdrucksreichtum ist es, der den aktuellen London-Besucher Lichtenberg vom vergangenen unterscheidet. Fünf Jahre zuvor hatte er die Turbulenz auf den Straßen der Stadt als globalen Anschlag auf seine Sinne erlebt, bei dem ihm Hören und Sagen im wahrsten Sinne des Wortes vergangen war. Die Überforderung des Sinnesapparats hatte einen Schock ausgelöst, der über die Wahrnehmungsfähigkeit hinaus auch das Zeit- und Raumbewußtsein paralysierte. Inzwischen, aus dem Abstand eines halben Jahrzehnts, hat sich eine Schockabwehr gebildet, die eine differenzierte Wahrnehmung ermöglicht. Welche Unterscheidungen vollzieht allein der Gehörsinn, der das erste Mal nichts weiter als ein anonymes „Getöse“ bemerkt hatte!

„In der Mitte der Strase rollt Chaise hinter Chaise, Wagen hinter Wagen und Karrn hinter Karrn. Durch dieses Getöse, und das Sumsen und Geräuch von tausenden von Zungen und Füßen, hören Sie das Geläute von Kirchthürmen, die Glocken der Postbedienten, die Orgeln, Geigen, Leyern und Tambourinen englischer Savoyarden, und das Heulen derer, die an den Ecken der Gasse unter freyem Himmel kaltes und warmes feil haben.“ (I, 489)

Und wie viele Nuancen unterscheidet der Gesichtssinn, der fünf Jahre zuvor nur „ein Gedränge von Chaisen und von Menschen“ an sich vorüberziehen sah. Jetzt erfaßt das Auge des Reisenden eine Vielzahl scharf umrissener Details, durchdringt die Lichter-Symphonie, in der sie erglänzen („purpurrothes, gelbes, grünspangrünes und Himmelsblaues Licht“), assoziiert plastische Bilder für die Erscheinungsformen der ausgestellten Waren („Pyramiden von Aepfeln und Orangen“ I, 488) Die Bezauberung durch die Waren-Ästhetik findet ihren sinnen- und ausdrucksstarken Kommentator! Es sollte ein halbes Jahrhundert vergehen, ehe eine vergleichbar intensive Beschreibung der modernen Großstadtstraße vorgelegt wurde – von Heine an derselben Stelle in London. Paradigmatisch erzählen Lichtenbergs so grundverschiedene Briefe von den Möglichkeiten unserer Erfahrung in der dynamisch sich verändernden Moderne – von unserer Sinnes-Verwirrung und Sinnes-Lähmung bei den Erstbegegnungen und vom Wiedererstarken, ja von der Sensibilisierung der Sinnesorganisation bei erneuter Konfrontation.

Nur dieser Sinnes-Wandel ermöglicht es Lichtenberg, das chaotische Treiben der Großstadtmenge wie ein abenteuerliches Schauspiel zu genießen, genauer: es im Rückblick bewußt zum Abenteuer und Schauspiel zu stilisieren. Was drängt er nicht auf engem Raum in kurzer Zeitspanne zusammen: ein hochaufloderndes „Lustfeuer von Hobelspänen“, bejubelt von „Betteljungen, Matrosen und Spitzbuben“, einen Diebstahl, einen hautnahen Dringlichkeitsantrag seitens des käuflichen Gewerbes, ein Unglück und eine Miniaturfarce fast im selben Atemzug, übertönt von einem dramatischen Geschrei aus Hunderten von Kehlen, hinreichend Anlaß, um seine Haut in ein „Neben Gäßgen" (I, 489) zu flüchten! Ein Festival unerhörter und farbiger Szenen, das den Brieflesern in der Heimat die Fassung rauben oder sie wenigstens zum Staunen hinreißen soll. Und doch auch mehr als ein Festival: ein Ausschnitt aus der „zivilisierten Wildnis", wie Gottfried Keller die moderne Gesellschaft genannt hatte.[15] Der ‚Prozeß der Zivilisation' neigt, wie Lichtenbergs Szenerie erkennen läßt, zur Selbstaufhebung im Chaos und in der Anarchie, und konzentriert diese Tendenz im entfesselten Privateigentum: im unübersichtlichen Hin und Her der Warenanbieter und Warenbetrachter, Käufer und Betrüger, Besitzer und Habenichtse bzw. derjenigen, die nichts als ihren Körper feilzubieten haben. – In einem Brief vom 16. Oktober 1775 hat Lichtenberg bezeichnenderweise „Wilde" im Londoner Umkreis dingfest gemacht: Analphabeten und Arme am Rand der Zivilisation; die „Wildnis" hatte er – in einem Brief vom 28. Januar 1775 – gestreift, als er die wachsenden „Straßenräubereien" und „Einbrüche" assoziativ an „Üppigkeit" und unermeßliche Verschwendung knüpfte und so die entfernten Pole des Reichtums und der Bedürftigkeit ineinander spiegelte. Im Brief vom 10. Januar übersetzt er schließlich den sozialen Kontrast topographisch in den zwischen der City mit ihrem Warenglanz und den Elendsvierteln des Pöbels, wo ihm Gefahr an Leib und Vermögen droht. Erfahrungshunger führt Lichtenberg über die konventionellen Grenzen der Stadtbesichtigung weit hinaus – am Ende bis zum berüchtigten Irrenhaus in Bedlam. In dieser Hinsicht nimmt er eine damals ungewöhnliche Reiseart vorweg – die zu Fuß anstelle der Fortbewegung in der Kutsche. Letztere war die seinem Stand angemessene, erstere die für untere Schichten typische; nur wenige Aufklärer – Johann Kaspar Riesbeck etwa oder Johann Pezzl und Ignaz Geiger – bewegen sich in den beiden letzten Jahrzehnten des Jahrhunderts zu Fuß fort, um in unbekannte, dem niederen Volk vorbehaltene Aufenthaltsorte vorzudringen, in ständekritischer Absicht.[16] Als einer ihrer Vorläufer darf Lichtenberg gelten. Der vornehm logierende Gast des Königs von England hatte den sozialen Mut, sich in Stadtgegenden, die von seinesgleichen gemieden wurden, „Rippenstöße und Schimpfwörter" einzuhandeln, gelegentlich auch „ein Schnupftuch und ein silbernes Petschafft" einzubüßen (I, 490f.) – so konsequent vertrat er seine Idee der Welt- und Menschenkenntnis.

Daß Lichtenberg trotz solcher Risiken seine Stadtbesichtigungen auch als Schauspiel aufzufassen vermochte, hat eine in seinen Lebensumständen und ästhetischen Neigungen gegründete Logik. Der stets von Krankheiten aller Art heimgesuchte Reisende – in seine Briefe streut er auch seine (privat-)ärztlichen Bulletins ein – ist in den Zeiten der Genesung dem Genuß des Lebens auf der Spur.[17] Und den findet er im Schauspiel. So ist es nur konsequent, wenn er, aus der reisetypischen Perspektive des Zaungasts, die fremde Welt als Bühne betrachtet und von ihr schließlich zur Bühnenwelt überwechselt. Dort ist ihm eine Gunst gewährt, die kein Reisender je verscherzen und keiner mit Stillschweigen bedecken würde: den Auftritten Garricks beizuwohnen, des „grösten Schauspielers vielleicht in den neuren Zeiten". (I, 491) Lichtenberg weiß, daß er der gespannten Neugier seiner Briefempfänger eine Präsentation dieses Genies schuldig ist. Aber er tut mehr, er pointiert den fälligen Bericht durch eine seltene Augenzeugenschaft: Garrick an der Seite Westons, des „einzigen Mannes", der ihm wenigstens im komödiantischen Rollenfach ebenbürtig ist. Mit diesem theatralischen Rarissimum wird der Schreibende den Erwartungen seiner Leser mehr als gerecht: er führt sie gleichsam in das Paradies der Schauspielkunst. Mit den Portraits der damals berühmtesten Schauspielerinnen Englands bebildert er dieses Paradies zusätzlich und verleiht ihm den ästhetischen Rang einer abwechslungsreichen Porträtgalerie. Diese besitzt manchen unkonventionellen Zug und verrät, was Lichtenberg am Theater unter anderem fasziniert: die außergewöhnlichen, am Rande der Bürgerlichkeit ausgezogenen Lebensläufe seiner Künstler. Über die berühmte Mrs. Barry notiert er im Geiste unbürgerlicher Wahlverwandtschaft: „Sie ist eine wahre Schönheit und eine gebohrne Schauspielerin; in ihrem neunten Jahr schmiß sie das Strickzeug und den Catechismus weg und schlich sich mit dem Shakespear auf den Boden des Hauses und sprach mit den Schornsteinen." (I, 492f.)

Wenn Lichtenberg in seinem episch breiten Januar-Brief von 1775 einen Bogen schlägt von seiner stadtfernen ‚malerisch-romantischen' Idylle zu einem Stadtgemälde von explosiv-anarchischer Turbulenz und einer prachtvoll gestirnten Theaterwelt, so demonstriert er seine überlegt kalkulierende Ästhetik. Um die Bogenführung nicht zu unterbrechen oder abzuspannen, verbannt er Details, Geschäftliches und deutsch-regionale Spezifika in ein Postscriptum. Indes umwindet er den Bogen wie unabsichtlich mit privaten Arabesken – und diese Kontrapunktik von artistischem Kalkül und subjektiv-spontaner Ornamentik macht einen der Hauptreize seines Briefs – und eines Teils seiner Korrespondenz – aus. Da ist gleich anfangs die zwischen Selbsterhebung und Selbstironie schwebende Periphrase seiner ‚Königlichkeit' („bewohne ein Königliches Hauß allein, schlafe zwischen Königlichen Bett-Tüchern, trinke königlichen Rheinwein und kaue, wenigstens 2 mal die Woche, mein königliches rost beef") (I, 486); da ist wenige Zeilen später die sanfte Abschweifung zur Rauchwolke über London mit der sehr lichtenbergischen Assoziation: „und hinter dieser Rauchwolke, aber – aber über 100 Meilen weiter hinaus (denke ich offt wenn ich an dem Fenster stehe:) da liegt Göttingen, mit einigen wenigen, sehr wenigen Freunden von mir, die ich aber nicht um alle die dazwischen liegenden Reichthümer entbehren wollte." (I, 487) – Die wahrhaft faszinierende Fremde wiegt die Freunde in der fernen Provinz nicht auf. In diese zartsinnige Grußadresse mündet die Abschweifung, die ganz unwillkürlich mit der Aussicht auf die ständige Rauchwolke über London einzusetzen schien. Lichtenberg ist ein Meister solcher Unwillkürlichkeit und weiß aus ihr eine bewegende Spannung zu ziehen: die zwischen der großen Welt der Fremde und der deutschen Provinz. Wie die eine die andere herbeiruft, wie dem eminent Großstädtischen sich die vertrauten Gestalten der Freunde zugesellen – diese Durchdringung von urbaner Nähe und kleinstädtischer Ferne gehört zu Lichtenbergs außerordentlichen Stilqualitäten. Als er kurz darauf des englischen Nebels gedenkt und einige melancholische

Arabesken hinzuerfindet, lesen wir unter anderem: „Ich sehe zuweilen Stundenlang in mein Caminfeuer, suche Gesichter in den Kohlen und ihre Gestalten, und dencke an Göttingen und zwar, weil ich weder Barde, noch Schäfer bin, gantz schlecht weg an meine Freunde und Freundinnen.“ (I, 487f.) Inmitten der Fremde, die ihn verändert und zu neuen Erfahrungen nötigt, hält Lichtenberg einer Tiefenschicht seiner Identität die Treue: den lebensstärkenden Freundschaften. So zeichnet sich in seinen Briefen das Profil seines Ichs ebenso unverwechselbar ab wie seine Fähigkeit zur Vergegenwärtigung des fernen Du. Und so kann er denn getrost die unfreiwilligste aller Arabesken stehen lassen – den Tintenfleck. Wie Lichtenberg das Zustandekommen dieses Flecks den Freunden mitteilt, mit kauzig-liebenswerter Umständlichkeit, ist höchst einnehmend, ist die arabeskenreiche Pointe auf die papierene Zierde. Wer so in einem Tintenfleck sich ergehen kann, muß den Freunden als geistvoller Plauderer willkommen sein: Er hebt sogar häusliches Mißgeschick in den Rang eines verspielten Rokoko. In einem seiner ersten Londoner Briefe (an Dieterich, 19. Jänner 1770) erprobt Lichtenberg diese Plauderkunst anfangs mit dem variationsreichen Wortspiel von den (beruflichen) „Geheimnissen“ der Männer und den tieferen, namentlich tieferliegenden „Geheimnissen“ der „Frauenzimmer“, ehe er sich zu einer Huldigung von vollendeter Anmut anschickt – dem Echo auf die Anmut der gepriesenen Schönen: „Die Aufwärterin, die mir täglich Feuer in das Camin macht, und mein Bett wärmt (mit der Bettpfanne versteht sich, Gevatter:) kommt zuweilen mit einem schwartzen, zuweilen mit einem weißen seidenen Hut und mit einer Art von Schlender in die Stube, trägt ihre Bettpfanne mit soviel Grace als manche deutsche Damens den Parasol, kniet sich vor dem Bette in diesem Anzug mit einer Nonchalence nieder, daß man glauben sollte, sie hätte 40 solche Schlender, und spricht dabey ein englisch, so wie es in euren besten englischen Büchern kaum steht, Gevatter.“ (I, 28) Wie die ferne Provinz, so bildet auch die unmittelbare Häuslichkeit den Kontrapunkt zur großen Londoner Welt, einen zartsinnigen oder geistreich verspielten oder begehrlich werbenden Kontrapunkt. Im Widerspiel zwischen Urbanität und Intimität, zwischen Weltläufigkeit und entspannender Alltagsarabeske entfaltet sich Lichtenbergs Briefkunst.

Sichtbar wird in Lichtenbergs brieflichem Erzählen aus London bis zum Ende eine der Primärerfahrungen des Aufenthalts von 1770 – die Erfahrung der forteilenden, drängenden, fortstürzenden Zeit. Sie entzieht sich dem Individuum in die Unverfügbarkeit. Die Überfülle der Großstadt an Reizen, an gesellschaftlichen Offerten und Verkehrsformen, ihre stillschweigende Aufforderung zur Erfahrung sozialer Klassen, ihre Weiträumigkeit, die Ablenkungen auf Schritt und Tritt bereithält – all dies sprengt die Zeit, die dem einzelnen zur Verfügung steht. In Lichtenbergs Klage darüber werden das ruhigere Zeitmaß der fernen Provinz hörbar und die Erinnerung dessen, der dort Herr seiner Zeit gewesen war:

„Erst heute bekomme ich wieder ein wenig Zeit in meinem Brief fort zufahren. Meine Zerstreuungen von allerley Art häufen sich in dieser Stadt so, daß ich, glaube ich, am Ende alles schreiben nach Deutschland werde aufgeben müssen. Lebte ich allein unter der Noblesse, oder hätte je allein unter ihr gelebt, so würde ich mich in diesem Lärm für sehr glücklich halten, da ich aber auch lernen will und verschiedene Bekanntschafften unter der Classe von Menschen gemacht habe, die mit dem westlichen Ende der Stadt wenig zu schaffen hat, so werde ich erbärmlich hin und hergezogen. Die Gelehrten glauben, ich wäre blos ihrentwegen herüber gekommen, und die andern, die Weltmenschen, dencken, Zerstreuung sey die Absicht meiner Reise gewesen. (...) Eine Sache, die sich in Göttingen in einer halben Stunde abthun läßt, nimmt mir hier zuweilen einen Morgen weg (...), die Personen nemlich, die gesprochen werden müssen, wohnen so weit von einander und unter wegs wird die Hauptbeschäfftigung durch allerley Episodische Verrichtungen so in die Länge gezogen, daß zuweilen gar ein Theil aufgeschoben werden muß. (...), man entschließt sich aber so sehr leicht zu solchen Reisen, weil man gewiß ist bey jedem paar hundert Schritte einmal etwas zu sehen, das schon für sich eines Ausgangs würdig gewesen wäre." (I, 516f)[18]

Lebenskünstler, der er ist, macht Lichtenberg aus dieser Not eine Tugend – die schriftstellerische Tugend des Scherzens und des Komödienspiels. Den Herzensfreund Dieterich, der einem Brief schon lange entgegenfiebert, vertröstet er mit einer Aussicht vom fernen Jenseits: „So bald mich einmal der Himmel an einen Ort versezt, wo ich zum Zeitvertreib wieder in mich selbst sehen und das Wetter in meinem Kopf beobachten muß, da sollst Du wieder Briefe mit Handzeichnungen bekommen." (28. September 1775) Die Frau des Freundes, im Wartestand auch sie, erheitert er gleich doppelt: als einfallsreicher Erfinder galanter Entschuldigungen – von der Menge des Erlebten würde „allein das küssenswürdige (...) einen Brief füllen" – sowie als Rollenvirtuose. Er versetzt sich an Madame Dieterichs Stelle nach Göttingen und versetzt sie an *seine* Stelle nach London, wo sie, von Vergnügungen und Verpflichtungen überhäuft, ihm ein beredtes Klagelied über die entfliehende Zeit schreibt, ein Klagelied, das Lichtenbergs Hand für sie verfaßt, auf daß sie die Londoner Zeitnöte am eigenen Leib gespiegelt sehe.[19] Und nach diesem London-Göttinger Rollentausch gestattet sich Lichtenberg einen verschwenderischen Witz obendrein und fügt für die Freundin einen dritten Brief hinzu, voll Mutwillen, launischer Einfälle und scherzhafter Schnörkel, so, als habe er Zeit im Überfluß. Was ist da nicht an selbstironischer Zeitüberlistung im Spiel, was für einen Briefluxus erlaubt sich da Lichtenberg, um die Wünsche einer Wartenden zu stillen, welche Versenkung in die Seele der Briefpartnerin findet da statt und wieviel üppige Wiedergutmachung fließt nicht aus seiner Feder! Und all dies im Rahmen eines burlesken Vexierspiels, dem die Großzügigkeit des Briefgeschenks nicht anzumerken ist... Lichtenbergs Freigebigkeit verströmt sich mit einer Delikatesse, welche die Beschenkte nicht beschämt; kein Schatten fällt auf die heitere Laune, die der Schreibende stiftet.

Freilich, wer so komödiantisch seine knapp bemessene Zeit verschwendet, muß sich auf eine vitale Lebenszuversicht stützen. Sie ward Lichtenberg bei seinem zweiten England-Aufenthalt reichlicher als in anderen Lebensperioden zugemessen. Die drängende Zeit mit ihrem atemlosen Rhythmus ist auch Ausdruck von Lichtenbergs Unternehmungsgeist; er durchpulst seine Briefe und verleiht ihnen ihre lebendige Kontrastfülle. Eben noch ist ihm „Gnade widerfahren" im „Königlichen Wohnhaus", da bringt er auch schon die Rede auf einen „Auflauf von Patriotißmus besoffenen Gesindels" (Brief vom 30. Oktober 1774). Er verfolgt am 7. Februar im englischen Parlament „eine der wichtigsten Debatten" über den Konflikt zwischen den amerikanischen Kolonien und dem englischen Mutterland, „wo bey es auf Gut und Blut von ein paar Millionen Menschen ankommt", verfolgt mit leidenschaftlichem Interesse, wie Redner von hohem Rang mit der geschliffensten Rhetorik ihre Argumente verfechten (vgl. Brief vom 6. März 1775) – und er treibt sich um dieselbe Zeit in einer Diskussionsrunde der untersten sozialen Ränge herum: „Neulich habe ich in einem Dorfe Hammersmith unter Matrosen, Fuhrleuten und Spitzbuben über die Amerikaner disputirt." (Brief vom 15. Februar 1775) So, wie Lichtenbergs Witz Verbindungen zwischen den entferntesten Gegenständen stiftet, wandert sein Realitätssinn zwischen polaren Extremen her und hin und fixiert sie unbestechlich. Dieselben Blicke, die sich in die „zivilisierte Wildnis" versenken, in einen blutigen Boxkampf auf offener Straße etwa (Brief vom 28. September) – dieselben Blicke schweifen zum gestirnten Himmel, den Lichtenberg von einem berühmten Oxforder Observatorium mittels eines erstaunlichen Transitinstruments besichtigt (Brief vom 16. Oktober). Das Fernste wie das Nächste erregt Lichtenbergs präzis registrierende Aufmerksamkeit. Sie verschafft sich Ausdruck in einem Stil, der die Körperlichkeit der Objekte gleichsam nachbildet. En détail führt Lichtenberg eine hochmoderne Druckerei in Birmingham vor Augen (Brief vom 13. Oktober), und mit technischem Sachverstand gewahrt er einen Wesenszug der englischen industriellen Revolution: Rationalisierung. Sie geht mit einer exzessiven Ausnutzung der Arbeitskraft einher, wie Lichtenberg in einer „Berühmten Manufaktur" zu Soho bemerkt: „Jeder Arbeiter hat da nur ein gantz kleines Feld vor sich, daß er also gar nicht nöthig hat Stellung und Werckzeuge zu verändern, wodurch eine unglaubliche Menge Zeit gewonnen wird. Jeder Knopf, der ZE. auf Buchsbaum oder Elfenbein oder sonst etwas aufgeküttet ist geht durch wenigstens zehn Hände.“ (Brief vom 16. Oktober 1775) Lichtenbergs Briefduktus ist zur Präzision ebenso fähig wie zur Arabeske, zur Abbildung des technischen Fortschritts ebenso wie zu ausschweifenden Phantasiebildern.

Theaterleben

Die zwischen 1776 und 78 im *Deutschen Museum* veröffentlichten *Briefe aus England*[20] spiegeln Lichtenbergs vielleicht reichste, gewiß aber genußreichste Londoner Erfahrung wider. Sie greifen stellenweise Bemerkungen aus seinen Privat- und Literaturbriefen auf, bilden aber ein zusammenhängendes Ganzes, das den Rang einer Ästhetik der Schauspielkunst hat, manchen Partien der *Hamburgischen Dramaturgie* Lessings durchaus vergleichbar, deren öffentliche Wirkung sie im übrigen weit übertroffen haben. Als Helferich Peter Sturz die vielgelesenen *Briefe* seiner „im Gefolge des Königs von Dänemark“ unternommenen England-Reise verfaßte (1779), erklärte er, über die Schauspielkunst Garricks nichts schreiben zu wollen, „denn man kann darüber nichts Besseres als Herr Professor Lichtenberg sagen“.[21] Garrick namentlich ist es auch, der Lichtenberg höchsten Genuß verschafft: „Seine Art zu gehen, die Achseln zu zucken, die Arme einzustecken, den Hut zu setzen, bald in die Augen zu drücken, bald seitwärts aus der Stirne zu stoßen, alles mit der leichten Bewegung der Glieder, als wäre jedes seine rechte Hand, ist daher eine Erquickung anzusehen. Man fühlt sich selbst leicht und wohl, wenn man die Stärke und Sicherheit in seinen Bewegungen sieht, und wie allgegenwärtig er in den Muskeln seines Körpers scheint.“ (III, 331 f.) Es scheint, als würde der verwachsene und von seinem Körper so häufig im Stich gelassene Lichtenberg in Garrick einem utopischen Traum begegnen – dem Traum von einer traumwandlerischen Entsprechung zwischen Körper und Seele, von einer plastisch-physischen Gebärdensprache der Empfindungen und des Geisteslebens. Traumwandlerisch freilich nicht im Sinne eines bewußtlosen Vorgangs und rein vegetativen Geschehens, vielmehr als Resultat einer bewußten und besessenen Arbeit an sich selbst. Denn dies sei es, was „Leichtigkeit und Kraft" hervorbringe: „vieljährige Zeit und schweißkostende Übung des Leibes, die sich endlich zu dieser Ungezwungenheit aufgeklärt hat, und die (...) itzt bei ihm aussieht, als hätt er sie umsonst." (III, 340) – Daß Lichtenberg an dieser Stelle den „Stil der Oligographen des Altertums", der ‚Wenigschreiber', d. h. der Gegenspieler aller ‚Viel- und Schnellschreiber' zum Vergleich heranzieht, ist beredt genug: Garrick ist für Lichtenberg auch der – theatralische – Exponent seines eigenen Stilideals: des Stils, der die „durch tiefes Studium erworbenen deutlichen Begriffe" in „unbeschreiblich gefällige Leichtigkeit, Stärke und Sicherheit" übersetzt (III, 340 u. 339).[22]

„Durch tiefes Studium erworben"! Lichtenberg weiß davon ein vielstimmiges Lied zu singen, und nicht die geringste unter den Stimmen ist eine soziale großstädtische, die Garrick zur Vollkommenheit ausgebildet hat: „Der Mensch lag seinem beobachtenden Geiste offen, von dem ausgebildeten und ausgekünstelten in den Sälen von S. James' an, bis zu den Wilden in den Garküchen von S. Giles'." (III, 333) Garrick „studierte" – „London", die Stadt der Städte, „wo ein Mann mit solchem Talent zur Beobachtung seinen Erfahrungssätzen in einem Jahr leicht eine Richtigkeit geben kann, wozu kaum in einem Städtchen, wo alles einerlei hofft und fürchtet, einerlei bewundert und einerlei erzählt, und wo sich alles reimt, ein ganzes Leben hinreichend wäre." (III, 333) Nur auf diesem Weg, über die Provinz hinaus in die inneren Zellen der Großstadt, fände die „Beobachtung" ein ihr angemessenes reiches Feld vor, schärfe sie sich zur „Kenntnis des Menschen" und „Kenntnis der Welt" (III, 333) – zwei der Leitideen Lichtenbergs. Solche Kenntnis aber sei ihrem Wesen nach konkret, sie unterscheide die Menschen nach ihrer sozialen Zugehörigkeit, ohne deswegen das typisch Menschliche zu verleugnen. Den „versoffenen, liederlichen Sir John" beispielsweise gebe es als menschlichen Typus „in allen Ständen", aber der Schauspieler Quin habe ihn sozial konkretisiert und „den weidmännischen Taugenichts für die Fuchsjäger, Landjunker und Renommisten" dargestellt; Garrick hingegen „den Taugenichts von Geburt und Stand für den Hof und Leute von Geschmack“ (III, 329).

‚Individualisierung‘ nennt Lichtenberg diese Kunst der gesellschaftsbewußten Genauigkeit, die er den „Schauspielern“ und „dramatischen Dichtern“ Deutschlands, den Sprachrohren des abstrakten Allgemeinen dringend empfiehlt, und man geht kaum fehl, wenn man Lichtenberg zu den frühen Anwälten einer sozial differenzierenden Schauspielkunst rechnet: „Ich sollte denken, der Advokat, der Gastwirt, der Kaufmann, der Krämer, der Barbier, der Ladendiener, der Konsul im Städtchen, alle hätten ihre eigne Staatsklugheit, ihre eignen Grundsätze des guten Geschmacks, ihre eigne Physiognomik, ja ihre eigne Astronomie.“ (III, 345) Individualisierung im Sinne einer schichtenspezifischen Nuancierung gehört zu den zentralen Intentionen der Lichtenbergschen Theaterästhetik.

Den „individualisierenden Gestus“ hatte auch Lessing in der ‚Hamburgischen Dramaturgie‘ gefordert – um der Versinnlichung des Allgemeinen willen, wofür er im *Vierten Stück* anschauliche gestische Beispiele heranzieht. Aber er versteht individualisierende Versinnlichung als jene Gebärdensprache, durch die ein allgemeiner moralischer Satz an ein bestimmtes Lebensalter angeschmiegt wird, nicht an einen bestimmten unverwechselbaren Stand, und wenn Lessing diese allgemein-menschliche Versinnlichung an der Schauspielkunst Ekhofs demonstriert, dem er dergestalt ein Denkmal setzt, so demonstriert Lichtenberg seine soziale und schichtenspezifische Versinnlichung an der Kunst Garricks – auch dies ein Akt der Verehrung. Insofern bilden die ‚Briefe aus England‘ ein bemerkenswertes Seitenstück zur ‚Hamburgischen Dramaturgie‘, gleichsam ihre soziale großstädtische Ergänzung. Im übrigen teilt Lichtenberg mit Lessing das leidenschaftliche Interesse am typisch Menschlichen, das alle Stände und sozialen Gefüge durchwirkt – das Interesse an allerorten auftretenden Affekten und Charakteren und an ihrer theatralisch ausgefeilten Transposition in Mimik und Gebärdensprache. Hier bekundet Lessing wie Lichtenberg eine prononcierte Vorliebe für ein Höchstmaß an Ausdrucksfülle und Nuancenreichtum. Im dritten Stück der Dramaturgie etwa übersetzt Lessing die Spannung zwischen Reflexion und Affekt in die zwischen Körperbewegung und Mimik – ein Modell für werdende und verbesserungsfähige Schauspieler. Solche Modelle treten Lichtenberg auf der englischen Bühne leibhaftig vor Augen. Indem er sie nachzeichnet, tritt ein Privileg des theatralischen Spiels plastisch zutage: seine Fähigkeit zur exemplarischen Veranschaulichung der Seelen- und Geistessprache, zur mimisch-gestisch-stimmlichen Artikulation dessen, was sonst, im Alltag, nur unklar empfunden, nur flüchtig erlebt, nur schattenhaft wahrgenommen wird. Lichtenbergs „Erquickung", „Wohlgefühl" und „Vergnügen" im Theater (III, 332 u. 356) beruht unter anderem auf dem Erlebnis dieser idealtypischen Verbildlichung, Ausleuchtung, Auflichtung, auf dem „Fest meiner Phantasie", wie er hingerissen erkennt: „Ich werde das Andenken an diese Szene nur mit meinem Leben verlieren." (III, 358)

So trägt das theatralische Spiel Lichtenberg an die Schwelle zum Glück. Er beharrt freilich darauf, daß sich dies „Fest meiner Phantasie" einer Kunst verdankt, die der präzisen „Beobachtung" und dem tiefen Studium des Menschen entspringt, und daß den idealen Rahmen dafür die großstädtische Welt bildet. Wenn Garrick, sagt er, „den Hofmann macht, so tritt in ihm kein armer Teufel auf, sondern es ist der Mann von Welt selbst, den man sieht; der Mann, der diesen Abend an dem papiernen Hof in Drurylane und morgen vormittag an dem goldnen in St. James glänzt". (III 340) Die „höchstglückliche Bildung des Mannes" (III, 330) hat großstädtische Welt- und Menschenkenntnis zur Voraussetzung, sein theatralisches Spiel ist unter anderem auch Spiegel einer weiträumigen Kommunikation: „Fast alle die neuern englischen Schriftsteller (...) waren seine Freunde. Er half sie bilden, so wie sie ihn wiederum bilden halfen. (...) er spielt itzt nur Stücke, die er sich völlig eigen gemacht, und über die er nun ein Vierteljahrhundert durch in seiner ausgesuchten Gesellschaft das Urteil der größten Kenner des Menschen empfangen hat. Selbst den Strumpf, der ihm so herabhängt, kann man denken, hat ihm vielleicht Fielding herabgezogen, und den Hut, der da so schön seitwärts sitzt, Sterne oder Goldsmith zurückgestoßen." (III, 333 u. 355f.) Zu einer Zeit, da das erste Nationaltheater der Deutschen, das Hamburgische, kläglich gescheitert war, vereinigen sich im englischen Theater die besten Köpfe der Nation zu Ehren eines Mannes, der seinerseits der Nation alle Ehre erweist und „das genaueste Register" über ihren Geschmack führt. (III, 347)

Kein Zweifel, daß Lichtenberg im Spiegel der englischen Verhältnisse die deutsche Kleinstaaterei bloßstellt, deren Weltlosigkeit bis in das Theaterleben hinein spürbar ist; nicht umsonst mokiert er sich über deutsche Dramatiker, die sich in den Spuren Shakespeares wähnen, obgleich sie anstelle der Kenntnis der Welt nur ein paar „Heimlichkeiten der menschlichen Natur, in einer altväterischen Prose" auszuplaudern wissen. (III, 336) Kein Zweifel wohl auch, daß Lichtenbergs Wortfeld zur Kennzeichnung des Theatergenies einen wissenschaftlichen Einschlag hat: „das genaueste Register", „Beobachtung", „Studium", „Urteil der größten Kenner" – man wird kaum fehlgehen, wenn man Lichtenberg nachsagt, er habe das Genie in ein wissenschaftliches Prüffeld versetzt, vielmehr: Er spiegle die exakt einstudierte und allseits kontrollierte Schauspielkunst Garricks kongenial wider. Bei der Begegnung des von Garrick gespielten Hamlet mit dem Geist des Vaters registriert Lichtenberg eine Reihe wohlkalkulierter Details, die vielleicht aufgrund eines skrupulösen Prüfverfahrens als die ausdrucksstärksten ausgewählt worden sind: „Die beiden Arme, hauptsächlich der linke, sind fast ausgestreckt, die Hand so hoch als der Kopf, der rechte Arm ist mehr gebogen und die Hand niedriger, die Finger stehen aus einander." (III, 335) Wäre es historisch nicht unangemessen, so könnte man den Eindruck formulieren, Lichtenberg habe den Auftritt mit einer Miniaturfilmkamera im Auge festgehalten – so präzis registriert er die Gestik Garricks. Es ist, als habe er die Szene im Zeitlupentempo vorüberziehen sehen und an Ort und Stelle auf dem Papier nachgestellt – so vollkommen mimetisch rekonstruiert sein Bildgedächtnis sie. Beispiele dafür finden sich in allen drei Theaterbriefen – so anläßlich des berühmten Hamlet-Monologs („O that this too solid flesh would melt"), wo Lichtenberg aufs genaueste die „Bewegung des Mundes", die „Art Tränen fallen zu lassen", eine Bewegung des Arms und das

Widerspiel zwischen vorgeschriebenem Wort und stimmlicher Realisation nachzeichnet. (III, 341) Es ist der Naturwissenschaftler in Lichtenberg, der hier zuhört, zusieht, registriert und rekonstruiert. Gleichsam in Analogie zur wissenschaftlichen Deskription von Naturphänomenen fixiert er die Vorgänge auf der Bühne – so wie er möglichst genau die Genese der Vorgänge im Schauspieler nachzuvollziehen sucht: sein „Studium" des Menschen und der Welt, sein großstädtisches Beobachtungsfeld, seine Interaktion mit den Zeitgenossen, seinen Bildungshorizont. Daß Lichtenberg dieses Verfahren im Mutterland der empirischen Wissenschaften erprobt, ist nur folgerichtig. Daß er es an anderen Akteuren, namentlich an Weston und den Schauspielerinnen Mrs. Barry und Mrs. Abbington verifiziert, bekräftigt seinen Befund. Lange bevor im 20. Jahrhundert ein Bertolt Brecht für ein dem „wissenschaftlichen Zeitalter" verpflichtetes Theater plädierte, ist Lichtenberg ihm mit seiner Theaterkritik vorausgeeilt. Kennzeichnend für diese Art von Kritik ist ihr weitgehender Verzicht auf Stilzüge, die für traditionelle, noch heute vorherrschende Rezensionen so typisch sind: das Impressionistische und Ungefähre in der Wiedergabe von Bühnenvorgängen, das schlecht Feuilletonistische einer eilfertig und vage nachempfindenden, ungenau sich artikulierenden Subjektivität. Bei Lichtenberg entspringt das Subjektive der gleichsam wissenschaftlichen Beobachtung und hat eben deshalb Evidenz – sei es, daß er den zuletzt zitierten Hamlet-Auftritt als „unwiderstehlich" empfindet (III, 341), sei es, daß er die zuvor erwähnte Begegnung Hamlets mit dem väterlichen Geist eine der „größten und schrecklichsten Szenen" nennt, „deren vielleicht der Schauplatz fähig ist" – und sein „wiederholtes Grausen" bekennt. (III, 335) Wissenschaftlicher Geist und Empfindsamkeit, empirisches Forschen und mitfühlende Subjektivität, zwei zentrale Pole des aufgeklärten Zeitalters, sind bei Lichtenberg produktiv verschränkt. Sein analytisch beobachtendes Auge ist beseelt, seine Seele hat klarsichtige Augen. Das wird an seinen Theaterbriefen exemplarisch anschaulich. Insofern besitzen sie noch immer Modellcharakter für eine aufklärende Theaterkritik, die sich zugleich als eine Schule des Sehens versteht: für die Leser und die Theaterbesucher.

Es ist eine unterhaltsame ‚Schule des Sehens', durchaus keine asketisch disziplinierende. Selbst die Beschreibungen des Scheußlichen und Schrecklichen gewähren dem Leser Vergnügen dank dem ästhetischen Ingrediens der Sprache Lichtenbergs. Seine metaphorischen und vergleichenden Miniaturen erhellen Gebärdensprache und Gesichtszüge der Darsteller blitzartig – so wenn er von dem auffällig breiten Mund des fürchterlichen Shylock sagt, daß „bei dessen Schlitzung der Natur das Messer ausgefahren zu sein schien" (III, 366), oder wenn er die große Mrs. Barry zeichnet: „Sie kann, zu einem eitlen Kammerpüppchen zusammengeschnürt, sich mit süßer Selbstgefälligkeit tänzeln und zieren, und trippeln, daß den kleinen Mamsellen und den großen Bedienten das Herz im ganzen Hause aufgeht; und dann wieder mit einem Strom von rauschender und rieselnder Seide hinter sich her, mit hohlem Rücken und stolz zurückgewandtem Angesicht einhertreten, wie die Eitelkeit, wenn sie sich am Zug ihrer Schleppe weidet." (III, 357)

Notate von solcher Treffsicherheit der charakterisierenden Attribute und Anschaulichkeit der schmückenden Bilder widmet Lichtenberg dem großen Garrick in Fülle. Er unterstreicht durch seinen Stil das Genie des Mannes, an dessen Bildung das gesellschaftliche Umfeld seiner theatralischen Existenz mitgewirkt hat. Lichtenbergs Invektiven gegen die deutschen „geniesüchtigen Originalköpfe" und ihren „Schwall von Götterprose" (III, 331), Invektiven, die über sein gesamtes Werk verstreut sind, betreffen nicht das ‚wahre Genie', das er freimütig in Garrick verehrt. Dessen Welt- und Menschenkenntnis, durch Studium und Beobachtung erworben und zu plastischer Anschaulichkeit entfaltet in einem ausgefeilten Bühnenspiel, bildet den jedermann zugänglichen Maßstab, an dem sich die wirren und inflationären Vorstellungen von den Genies allerorten entwirren lassen: Aufklärung auch dies, dargeboten an einem überprüfbaren Modell.

Es kennzeichnet diese offene Verfahrensweise Lichtenbergs, daß er sie ihrerseits reflektiert, ihr nicht etwa unfehlbare Autorität zuschreibt. Umsichtiger Hermeneutiker, der er auch sonst ist, prüft Lichtenberg nicht nur die Bedingungen der Urteilsbildung anderer, etwa „den Mangel an Geschmack und Weltkenntnis" (III, 330): er diskutiert auch die Reichweite und Überzeugungskraft seiner eigenen Analyse eines theatralischen „Totaleindrucks" (III, 353f.) – und er übt sich gegenüber dem Leser in einer Bescheidenheit, die sich von suggestiver Überredungskunst freiweg distanziert: „Alles, was ich tun kann, ist, einer Einbildungskraft, deren Wirkungskreis mir unbekannt ist, auf Geratewohl einige Winke zu geben, sich selbst etwas Ähnliches zu schaffen." (III, 351) In der hermeneutischen Reflexion auf die Bedingungen der Urteilskraft und ihre Kompetenz äußert sich Lichtenbergs Absicht, den Leser zum selbständigen Urteil anzuregen – seine mittelbar politische, will sagen republikanische Absicht.

III. Die Streitschrift ‚Über Physiognomik'

Zeitgeschichtliche Bedeutung – Zeitlose Aktualität

Lichtenbergs Streitschrift ‚Über Physiognomik'[1] vereinigt wie in einem Brennpunkt die ihn auszeichnenden Erkenntniskräfte: erfahrungsgesättigte Vernunft, die der Welt- und Selbstkenntnis entspringt; ‚konjunktivische' Behutsamkeit, Zweifel und Skepsis, welche der Vereinnahmung einer vielgestaltigen Empirie durch ein logisches ‚System' mißtrauen; hellwacher Sinn für die Eigentümlichkeit der Einbildungskraft und Bilder-Produktion; hermeneutischer Tiefenblick in die Entstehung von Vorurteilen und Allgemeinweisheiten; provokativ-anschaulicher Stilwille, der mit ‚Witz' und sinnlichen Beispielen dem Alltagsbewußtsein in die Parade fährt und den Blick des Lesers ins Offene, Ungedachte, Vieldeutige und Rätselhafte lenkt: Ermutigung zur Selbstreflexion und Selbsterfahrung. All dies vereinigte Lichtenbergs Schrift im Namen einer Volksaufklärung, die Gefahr lief, von einer Gegenaufklärung in der „Maske der Vernunft" übertölpelt zu werden: von Johann Caspar Lavaters ‚Physiognomischen Fragmenten zur Beförderung der Menschenkenntnis und Menschenliebe' (1775–1778).[2] Daß mit diesen Fragmenten das Gegenteil „befördert" werde, daß mit ihnen die Verführung der Vernunft zur Inhumanität unvermeidlich sei und schon jetzt den Charakter einer „Seuche"[3] angenommen habe, schien Lichtenberg erwiesen: ein so „ungeheures Aufsehen"[4] erregte Lavaters Werk. Dank zahlreicher Übersetzungen in andere Sprachen sollte es ein Ereignis von europäischem Ausmaß werden.

Aufsehen erregte auch die Lichtenbergsche Gegenschrift.[5] Ihr repräsentativer Charakter ergibt sich nicht allein daraus, daß Lichtenbergs Denkart und Stilwille in idealtypischer Konzentration ein epochales Phänomen durchleuchteten. Repräsentativität im Hinblick auf allgemeinmenschliches Urteilen und Empfinden kann schon Lavaters Thema beanspruchen: Physiognomik als „Kenntnis der Gesichtszüge und ihrer Bedeutung". (La 125) Ein schlechthin zeitloses, wenn nicht unsterbliches Thema! Lavater redet ihm emphatisch das Lob: „Man vergesse ja nie, daß äußerer Ausdruck ja eben deswegen da ist, daß das Innere daraus erkannt werde! (...) Man vergesse ja nicht, daß immer und in allen Zusammenkünften, in allem Verkehr und Umgang der Menschen mit einander physiognomisch geurtheilt werde, daß also bekanntlich (...) fast ein jeder (...) sich auf seine Menschenkenntnis aus dem ersten Anblick wirklich etwas zu gute thun" möchte. (La 156) – Kant hat diesen physiognomischen Entzifferungseifer in seiner ‚Anthropologie' als eine Art „Naturtrieb" des Menschen zur Orientierung in der Welt bezeichnet – und mit welcher Macht er wirken kann, hat einmal Gottfried Keller mit illusionsloser Ironie vorgeführt. Im ‚Sinngedicht' erprobt er das ‚Lesen' in Gesichtszügen als primären Antrieb bei der wechselseitigen Anziehung der Geschlechter und der Partnerwahl; seinen Helden läßt er mit altkluger Beredsamkeit eine Schulweisheit ausplaudern, die dann im Erzählzyklus von Fall zu Fall hinters Licht geführt wird: daß nämlich „das Gesicht (...) das Aushängeschild des körperlichen wie des geistigen Menschen" sei und „auf die Länge doch nicht trügen" könne, weshalb es „die erste und letzte Hauptsache" bei der Partnerwahl darstelle, welche ansonsten großzügig „alle Stände und Lebensarten" umfasse[6] – worauf die Zuhörerin dem Redner gehörig heimleuchtet und ihn als bequemen Zögling eines landläufigen Vorurteils traktiert. Das Vorurteil hat sich seit alters den Glanz der Philosophie geborgt. Im ‚Symposion' zeichnet Plato den Philosophen auf seiner ersten Stufe als Bewunderer leiblicher Schönheit, von welcher er stufenweise zur Schönheit der Seele, der Lebensführung und der Erkenntnis aufsteige, ehe er zuletzt das Urbild des Schönen, sein höchstes Ziel, schaue – und obgleich bei diesem Aufstieg die Schönheit des Leibes immer unwesentlicher werde, ziehe er sie doch als seinen Ausgangspunkt der häßlichen Gestalt entschieden vor. Alles deutet darauf hin, daß dieser Ausgangspunkt im Alltagsbewußtsein mit dem Wesen des Schönen kurzgeschlossen wurde, unter Aussparung der platonischen Stufenfolge; wie umgekehrt die häßliche Gestalt vorzugsweise mit seelisch-moralischer Widrigkeit assoziiert wird. Wie unter einem Zwang jedenfalls pflegt man von der Erscheinung auf ein entsprechendes Wesen zu schließen, gelegentlich sekundiert von neueren philosophischen Diskursen, die etwa das Kunstschöne als das zur Erscheinung gelangende Wesen der Idee verstehen (Hegel). Im Banne dieses Schließens vom Äußeren auf das Innere entrollt Thomas Mann beispielhaft das Schicksal des Schriftstellers Gustav von Aschenbach im ‚Tod in Venedig'. Kein neueres Werk läßt ein uraltes Phantasma leidenschaftlicher durchscheinen: jene platonische Sehnsucht, daß die optisch wahrnehmbare Gestalt ein Sinnbild des Schönen schlechthin sein möge, daß letzteres seine Gegenwart im konkreten Leib bezeuge. Noch ehe freilich Aschenbach vom Gestaltschönen zur Anschauung des körperlosen Urbilds fortgeschritten ist, übermannt ihn das leibsinnliche Begehren: ein Zeugnis dafür, daß die Annahme eines stufenweisen Aufstiegs von der Erscheinung zum Wesen erzählerisch bezweifelt wird; ob eine Kongruenz zwischen beiden sich überhaupt voraussetzen läßt, bleibt in vieldeutiger Schwebe. Botho Strauß hat diese Schwebe in einer Folge von Variationen seelenkundig aufgelöst.[7] Ihm scheint die wahrgenommene Schönheit das Werk einer projektiven Phantasie: „Man sieht gar nichts; man mischt sich etwas zurecht, wenn man die Augen öffnet." Diese Phantasie entspringt einer von Grund auf bedürftigen Seele. Sie wählt sich „das menschliche Gesicht, um sich selbst zu erfahren. Sie hat sich die Schönheit, deren sie bedarf, selbst ermischt", denn, so bemerkt Strauß, sie „ernährt sich von Spiegelungen."

Die Reflexionen über physiognomische Bezauberungen im Werk Kellers, Th. Manns, Botho Strauß' erzählen von der magischen Ausstrahlungskraft des Gesichts bzw. seiner magischen Anziehungskraft als Projektionsfläche. Lavater hat an dieser Magie sich abgearbeitet und sie in eine aufklärerisch-plane Symmetrie überführt. Gleichsam stelltvertretend für nachfolgende Gesichtsleser legt er erstmals in epischer Breite Zeugnis ab von der Faszination, die das Verhältnis von Außen und Innen, von körperlicher Erscheinung und geistig-moralischem Wesen auf das Denken ausübt. Ihn leitet die Prämisse, „daß zwischen physischer und moralischer Schönheit Harmonie sey“ (La 132), daß „das Innere eine unmittelbare Fortsetzung des Aeußeren“ (La 126) darstelle und die Physiognomik folglich „die Kenntnisse des Verhältnisses des Aeußeren mit dem Innern, der sichtbaren Oberfläche mit dem unsichtbaren Inhalt, (...) der sichtbaren Wirkung zu der unsichtbaren Kraft“. (La 125) Diese zwanghafte Logik beruht auf Angst: Angst vor Orientierungsverlust in der Welt des Handelns. Ohne physiognomische Richtschnur droht diese Welt undurchdringlich zu werden, ein gesichtsloses Labyrinth: „Was ist die ewige Unsicherheit im Handeln für eine immerwährende Plage und ein schreckliches Hinderniß in allem, was wir unmittelbar mit den Menschen zu thun haben (...). Wie nun aber den Menschen leichter, besser, sichrer kennen lernen als durch Physiognomik (im weitern Sinne des Wortes), da man sie in so vielen tausend und tausend Fällen nicht aus den Handlungen kennen lernen kann?“ (La 194f.)

Wenige Jahre später sollte Schiller den Grund für die „ewige Unsicherheit“ im menschlichen Verkehr benennen; aus seiner ‚Ästhetischen Erziehung‘[8] läßt sich das Bedürfnis nach physiognomischer Orientierung rekonstruieren. Schiller entschleierte den neueren Prozeß der Zivlisation mit seiner fortschreitenden Differenzierung der Berufe und Stände, seiner Spezialisierung der „Geschäfte“ und „Wissenschaften“, seiner Anonymisierung der öffentlichen Sphäre durch die wachsende Bürokratisierung: Staat und Gesellschaft würden einem „kunstreichen Uhrwerke“ gleichen, „wo aus der Zusammenstückelung unendlich vieler, aber lebloser Teile ein mechanisches Leben im Ganzen sich bildet“, eine Mechanik, die ständig in Chaotik umzuschlagen drohe angesichts des wuchernden „Antagonism“ der sich isolierenden „Anlagen im Menschen“ bzw. der getrennten Ausbildung der menschlichen Kräfte“, seien dies die „Geisteskräfte“ in den „Wissenschaften“ oder die Erwerbskräfte im Reich der „Geschäfte“.

Man könnte Schillers Diagnose durch Beispiele aus seiner Epoche versinnlichen: etwa durch die Verschiebungen vom überschaubaren agrarischen zum vielgestaltig-vieldeutigen städtischen Lebensprozeß, durch die neuen Konfrontationen mit der Fremde aufgrund des sprunghaft ansteigenden Reisens, oder durch die anatomischen Expeditionen in die schwer definierbaren organischen Zusammenhänge im menschlichen Körper.[9] Das Unwägbare, Unbekannte, Befremdliche nahm im großen wie im kleinen Maßstab überhand, in räumlicher Ferne wie in konkreter Nähe, dergestalt, daß das sinnlich Wahrnehmbare vermehrt zum Exempel unsinnlicher Mehrdeutigkeit geriet. Der Gefahr eines Orientierungsverlustes abzuhelfen, war eine das Zeitalter heimsuchende Herausforderung. Daß man beim leibhaftigen Menschen selbst ansetzen müsse, seine wahre Identität herauszufinden habe durch seine Verhüllungen und ständischen Rollenspiele hindurch, um wenigstens eine erste Orientierung zu ermöglichen in der „zivilisierten Wildnis"[10] – dies war die zeitgemäße Antwort Lavaters: „Stand, Gewohnheit, Besitzthümer, Kleider, alles modificirt, alles verhüllt ihn. Durch all diese Hüllen bis auf sein Innerstes zu dringen, selbst in diesen fremden Bestimmungen feste Punkte zu finden, von denen sich auf sein Wesen sicher schließen läßt, scheint äußerst schwer, ja unmöglich zu seyn."[11] Aber gerade das äußerst Schwere konnte der Auftakt zu einem physiognomischen Totalkonzept sein, das die anschwellende Flut fremder Erscheinungen, anonymer Zumutungen, ständischer Differenzierungen übersichtlich zu teilen versprach: „Man denke sich in die Sphären eines Staatsmanns, Seelsorgers, Predigers, Hofmeisters, Arztes, Kaufmanns, Freundes, Hausvaters, Ehegenossen hinein, und schnell wird man empfinden, wie mannichfaltigen, wichtigen Gebrauch jeder in seiner Sphäre von physiognomischen Kenntnissen machen kann. Man könnte für jeden dieser Stände eine besondere Physiognomik schreiben ..." (La 151)

Wie die proklamierte Symmetrie zwischen „Äußerem" und „Innerem"[11], so verrät der hier anvisierte systematische Zugriff, daß Lavater im Banne einer bestimmten Spielart der Aufklärung steht: der Tradition des Rationalismus. Da führt häufig eine mechanische Kausalitätsauffassung Regie, der schon Hobbes Reverenz erweist, wenn er Philosophie bestimmt als „die rationelle Erkenntnis der Wirkungen oder Erscheinungen aus ihren bekannten Ursachen oder erzeugenden Gründen und umgekehrt der möglichen Gründe aus den bekannten Wirkungen". (,Lehre vom Körper', 1. Kap., 2) Gerade so stellt sich Lavater das Wechselverhältnis zwischen körperlicher Erscheinung und seelisch-moralischem Habitus vor. Daß er die Kenntnis dieses Verhältnisses als „empyrische Menschenkenntniß" bzw. „Erfahrungserkenntniß" (La 149) einstuft, zeigt, wie sehr er gleichzeitig der realitätskundigen Avantgarde der Aufklärung sich zurechnet. Wenn er solche Kenntnis zum „mannichfaltigen, wichtigen Gebrauch" empfiehlt und den „Nutzen der Physiognomik" mit „menschlicher Wohlfahrt" (La 147f.) gleichsetzt, so versetzt er sich in eine Herzkammer der Aufklärung – ihr lebenspraktisches Interesse. Und damit nicht genug: Lavater salbt den mechanischen Kausalitätsbegriff mit der christlich-idealistischen Teleologie des Zeitalters, welche in den empirischen Erscheinungen die Lenkung Gottes erblickt: weshalb er unterstellt, die „natürliche Übereinstimmung der physischen mit der moralischen" Gestalt sei „das Werk einer höchsten Weisheit" (La 132). Der Prediger Lavater verstand sich auf die synkretistische Legierung populärer Tendenzen des Zeitgeists. Und er verstand sich auf ihre oratorische Darbietung: demutsvolle Anrufung Gottes, wohlgesetztes aufklärendes Räsonnement, dithyrambische Hymnik und Geniekult in Stürmer-und-Dränger-Manier, empfindsamer Herzenserguß, gestrenger Systemgeist in fragmentarischer Gefühlssprache – auch die bedeutenden Stilformen des Zeitalters verbrüdern und verschwistern sich in den ,Physiognomischen Fragmenten'. Ein exemplarisches Werk – ein wortmächtiges Organ der zweiten Hälfte des 18. Jahrhunderts! In vielen Zungen redend, mit vielerlei Geisteshaltungen der Zeit vertraute Zwiesprache pflegend, einer Not der Epoche menschenfreundlichste Abhilfe versprechend: so schmiegte es sich den geheimen Bedürfnissen und lautstarken Diskursen der Zeitgenossen gefällig an.

Lichtenbergs Kritik an der Physiognomik trifft einen entfesselten Wissensdrang, wie er auch in anderen Deutungssystemen vorherrscht; seine Überlebenskraft ist bis heute vital geblieben. Es ist der ungesättigte Wille, in der vielgestaltigen Welt der

Erscheinungen „feste Punkte“ (Lavater) auszumachen, von denen aus unfehlbar ‚Wesen‘ und ‚Schicksal‘ der Menschen ausgeforscht werden kann. In trivialer Sphäre hantieren die astrologischen Kuppler, welche Sternbilder und Charakterzüge, Gestirnzeichen und individuelle Geschicke zur Deckung bringen. Höheren Orts raunen die Seelendeuter, die jedem Fehlgriff und Fehltritt einen bedeutungsschweren psychischen Komplex zu unterlegen wissen – einen Mutter-, einen Geschwister-, einen Ödipuskomplex etc. Inzwischen schlagen sich die Individuen von selbst über einen Leisten, indem sie sich einem Komplex zuschlagen. Der allwissend monokausale Deutungsgestus hat an Popularität wahrhaftig nichts eingebüßt. An der Psychoanalyse Freuds hat Adorno den „systematischen Zug“ kritisiert, der die Lebensverhältnisse der Individuen einigen wenigen Kategorien unterwerfe und eben darum die „Suggestivkraft“ eines universalen Deutungsschlüssels besitze.[12] Muß daran erinnert werden, welche Blüten unlängst jener Erklärungsdrang trieb, der kulturelle und soziale Überbauten wie auch individuelle Lebensverhältnisse aus dem ‚letztinstanzlichen‘ Punkt der Ökonomie ‚abzuleiten‘ bemüht war? So gesehen, ist Lavaters Physiognomik der Schulfall einer Aufklärungshybris von ungebrochener Anziehungskraft. Lichtenbergs Intention, sie zu entzaubern, ist gerade darum überliefernswert.

Lichtenberg hat die ‚Physiognomik‘ Lavaters scharfsichtig in ihre Bestandteile zerlegt und die Bestandteile mikroskopisch durchmustert. Exemplarisch wie Lavaters Schrift für das gebildete Alltagsbewußtsein der Epoche ist Lichtenbergs Kritik: ein Exempel für den aufklärenden Geist auf der Höhe seiner Selbstreflexion. Ein persönliches Ärgernis hat ihn stimuliert. Physiognomie in einem extensiven Sinn verstand Lavater als die umfassende Gestalt, die sowohl das Gesicht wie auch „alle Züge, Umrisse, alle passiven und activen Bewegungen, alle Lagen und Stellungen des menschlichen Körpers“ (La 124) einschloß. Wenn aber „Aeußerliches und Inneres“ „in einem genauen unmittelbaren Zusammenhange“ (La 126) ständen, so sei das Gesetz – „Je moralisch besser, desto schöner; Je moralisch schlimmer, desto häßlicher“ (La 136) – auf die Erscheinung des Leibes insgesamt anwendbar, und Gottes Weisheit werde sich davor hüten, moralische Schönheit mit dem „Siegel eines Mißfallens zu stempeln", sie also in einen „häßlichen" oder siechen, „plumpen" oder deformierten Leib zu sperren (La 132); folglich sei „guter oder schlimmer Eindruck der Tugend und des Lasters" aus dem Grad physischer „Gesundheit" und der Beschaffenheit des „Gliederwuchses" (La 146) korrekt abzulesen! Mit dieser Prämisse seiner Physiognomik widerrief Lavater seine im Titel verheißene „Menschenliebe". Er diskriminierte von vornherein eine unglückliche Gesichtsbildung, einen Körperschaden, eine kränkelnde Physis. Lichtenberg, mißgestaltet und von Krankheit häufig behelligt, sah sich durch Lavaters simple Klassifikation in die Nachbarschaft des „Lasters" gerückt und ans Kreuz einer häßlichen Charakterdisposition geschlagen. Und dies im Namen göttlicher „Weisheit"! Lavater erschlich sich den angeblichen Standpunkt Gottes, um seiner erbärmlichen Zweiteilung des Menschengeschlechts Dignität zu verleihen. Seine demutsvollen Gesten verrieten Anmaßung, seine Frömmigkeit erschien als Menschenverachtung. Dem widersetzte sich Lichtenberg. Der Schmerz eines vom Schicksal körperlich Geschlagenen hallt in seiner Anklage wider:

„Bist du Elender, denn der Richter von Gottes Werken? Sage mir erst, warum der Tugendhafte so oft sein ganzes Leben in einem siechen Körper jammert (...)? Willst du entscheiden, ob nicht ein verzerrter Körper, so gut als ein kränklicher, (...) mit unter die Leiden gehört, denen der Gerechte hier, der bloßen Vernunft unerklärlich, ausgesetzt ist? Sage mir, warum Tausende mit Gebrechen geboren werden, einige Jahre durchwinseln und dann wegsterben? (...) beurteile Gottes Welt nicht nach der deinigen. (...) beurteile nicht den Garten der Natur nach deinem Blumengärtchen." (III, 272 f.)

Gegen eine Aufklärung, die sich mit der ‚höchsten Weisheit' im Bunde wähnt und für jede Erscheinung eine Erklärung parat hält, beruft sich Lichtenberg auf das ‚Unerklärliche' des Lebens: seine *Rätselschrift*. Sie ist dem „siechen Körper" eingeschrieben, der einen „Gerechten" beherbergt: ein Skandalon, das keine Vernunft zu lösen imstande ist. Der Schmerz des Rätsels macht

Lichtenberg nicht nur hellsichtiger als die plane Erklärungslogik, er macht ihn zum Fürsprecher aller Benachteiligten, vom ‚Schicksal' Gezeichneten. Seine Solidarität richtet sich unter anderen auf den „Neger", „dessen Profil man recht zum Ideal von Dummheit und Hartnäckigkeit (...) ausgestochen hat." (III, 273) Ihn rettet Lichtenberg vom verächtlichen Zugriff der Physiognomen aller Welt und aller Handeltreibenden Europas, indem er, seine eigenen Londoner Erfahrungen zitierend, Menschlichkeit und Geist als natürliche Mitgift des Daseins der Schwarzen ansieht, und sie in Schutz nimmt gegen den „Viehhandel", dem der europäische Kolonialismus sie unterwirft. Das „Mohrische", das Lavater in der „Zerdrücktheit der Nase", den „so stark aufgeworfenen, vorhängenden, zähen Lippen", dem Fehlen „aller Feinheit und Grazie", zu erblicken meint[13] – es vertritt damals das andere und das Fremde, wovon die Gebildeten von Lessing bis Kant[14] ihren eigenen Gestaltbegriff und ihre eigene Ästhetik mit äußerster Empfindlichkeit abheben: Identitätsfindung durch Ausgrenzung. Die Klage des Franz Moor in Schillers ‚Die Räuber' über die ihm aufgeladene „Bürde von Häßlichkeit" – „Warum gerade mir die Lappländernase? Gerade mir dieses Mohrenmaul? Diese Hottentottenaugen?"[15] – trifft einen zeittypischen Komplex von Minderwertigkeit: trifft das Schandmal, das die europäische Herrengeschichte den Menschen einer anderen Rasse und Hautfarbe eingezeichnet hat.

Nicht nur in diesem heiklen Punkt begehrt Lichtenberg gegen eine *communis opinio* mit sozialkritischer Verve auf. Kaum weniger heikel ist das Problem des Verbrecherischen, das er anders als die herrschende Meinung exponiert: mit einem Höchstmaß an sozialer Reflexion und Rücksichtnahme. Lavater wollte aus der *Ähnlichkeit* von Gesichtern eine handfeste Charakterkunde ableiten, was Lichtenberg zu der Rüge nötigt, es sei eine „an Wahnsinn grenzende Vermessenheit" zu behaupten, daß jemand, der aussähe wie ein „Bösewicht" auch einer sein müsse (III, 268). Gegen solche „Vermessenheit" bietet Lichtenberg die ihm eigene „Behutsamkeit" auf, die auch sonst sein Urteil bestimmt. Sie leitet ihn zunächst zu einer Revision der Bedingungen des Verbrechens; es erfolge, so gibt er zu bedenken, häufig aus „Leidenschaften“, die, „bei einem andern System von Umständen“, „der Grund großer und lobenswürdiger (Taten) hätten werden können. (...) Gelegenheit macht nicht Diebe allein, sie macht auch große Männer“ (III, 268). Das Argument ist jener Gedankenfigur Schillers verwandt, die sich fünf Jahre später am Beginn seines ‚Verbrecher aus verlorener Ehre‘ findet: „Bei jedem großen Verbrechen war eine verhältnismäßig große Kraft in Bewegung. (...) Eine und eben dieselbe Fertigkeit oder Begierde kann in tausenderlei Formen und Richtungen spielen, kann tausend widersprechende Phänomene bewirken (...)“[16] Wenn dem so ist, dann löst sich ein zentrales Motiv der Lavaterschen Physiognomik – das der Ähnlichkeit – in Nichts auf: „Was wollt ihr also aus Ähnlichkeit der Gesichter, zumal seiner festen Teile, schließen, wenn derselbe Kerl, der gehenkt worden ist, mit allen seinen Anlagen unter anderen Umständen statt dem Strick den Lorbeer hätte empfangen können?“ (III, 268) So widersprüchlich kann das Leben unter verschiedenen sozialen Verhältnissen sein – es kann aus jemand den großen Mann wie den Verbrecher machen, kann seine Richtung zur „Perfektibilität oder Korruptibilität“ bewirken. Von dieser allzeit möglichen *Widerspruchsfülle* pflegen wir, so Lichtenberg, die Augen zu verschließen, um vor uns selber nicht zu erschrecken: „Niemand kennt seine guten und bösen Fähigkeiten alle.“ (III, 269) Schiller hat aus verwandten Überlegungen den herausfordernden Schluß gezogen:

„Wenn sich das geheime Spiel der Begehrungskraft bei dem matteren Licht gewöhnlicher Affekte versteckt, so wird es im Zustand gewaltsamer Leidenschaft desto hervorspringender, kollosalischer, lauter; (...) wie sehr würde man erstaunen, wenn man so manchen, dessen Laster in einer engen bürgerlichen Sphäre und in der schmalen Umzäunung der Gesetze jetzt erstikken muß, mit dem Ungeheuer Borgia in *einer* Ordnung beisammen fände.“[17]

Der ehrbare Bürger und Cesare Borgia im heimlichen Gleichschritt! Unerschrockenheit ist das Kennzeichen dieses aufgeklärten Denkens: die Provokation des Alltagsbewußtseins im Namen der Wahrheitsliebe. Während Lavater in herkömmlicher dualistischer Manier Tugend und Laster scheidet und diesem

Gegensatzpaar Physiognomien beigibt, die es gleichsam mimisch verfestigen, verflüssigt die Vorhut der Aufklärung, der reife Lichtenberg wie der junge Schiller, die starre Opposition und verlegt sie als beweglichen Widerspruch in das Innere ein und desselben Individuums. Es handelt sich um die Integration des ganz ‚anderen' in die eigene Psyche, um die Anerkennung des ‚Bösen' als Teil der eigenen Identität. Diese verknüpfende, seelenkundige Betrachtungsart verfährt genetisch im Hinblick auf überindividuelle Determinanten: sie bindet die Entstehung der (guten bzw. bösen) Tat an soziale Umstände, so daß aus solcher Verschränkung von Seelen- und Sozialkunde eine dialektische Denkbewegung hervorgeht. Insbesondere das genetische Moment erhellt die Verwandtschaft dieses aufgeklärten Denkens mit *naturwissenschaftlichen* Forschungsimpulsen. Wie man „das Erdreich des Vesuvs untersucht" habe, um „sich die Entstehung seines Brandes zu erklären", bemerkt Schiller, so sei der Feuerherd im „Inwendigen" eines Menschen aus seiner Konstellation in der Umwelt aufzuhellen. Diesen Weg in die Psyche und zu den sozialen Prägungen der Individuen versperrt die Physiognomik, welche von der Oberfläche des Gesichts umstandslos auf Charakterzüge und moralischen Habitus schließt – so wie sie kraft dieses Kurzschlusses auch die Rätselschrift einer individuellen Existenz tilgt und ihre mögliche Widerspruchsfülle einäschert.

Der gleichsam naturwissenschaftliche Impetus, der Schillers und Lichtenbergs Verständnis des Menschen beseelt, prallt an der Physiognomik von vornherein ab, mag Lavater sich auch unbescheiden als Naturforscher verstehen. Der Experimentalphysiker Lichtenberg weiß, daß ein Hauptverfahren der Naturwissenschaften, das Experiment mit mechanischen Größen, im unwägbaren Zwischenreich von Gesichtsbildung und Charakter ebenso undurchführbar ist wie das Operieren mit Zahlen und Formeln, ein anderes grundlegendes Verfahren der Naturwissenschaften. Das menschliche Antlitz ist zu vielgestaltig und ausdrucksreich, als daß es wie ein Katalog für Charaktermerkmale gehandelt werden könnte. Spiegelt es nicht ganze Lebenswelten wider?

„Allein gehört denn unser Körper der Seele allein zu, oder ist er nicht ein gemeinschaftliches Glied sich in ihm durchkreuzender Reihen (...)? So steht unser Körper zwischen Seele und der übrigen Welt in der Mitte, Spiegel der Wirkungen von beiden; erzählt nicht allein unsere Neigungen und Fähigkeiten, sondern auch die Peitschenschläge des Schicksals, Klima, Krankheit, Nahrung und tausend Ungemach, dem uns nicht immer unser eigner böser Entschluß, sondern oft Zufall und oft Pflicht aussetzen."

Die Sätze sind eine plastische Probe auf einen der geschliffensten Aphorismen Lichtenbergs: „Die unterhaltendste Fläche auf der Erde für uns ist die vom menschlichen Gesicht." (F 88) Diese Unterhaltung wollte er nicht zum Nachhilfeunterricht erstarrt sehen: zu einer Gesichtslehre, welche aus der unterhaltendsten Erdfläche ein Verzeichnis von Geistesanlagen und Charaktermerkmalen macht. Würde das Antlitz damit nicht zum Ausspähungsobjekt? Und Aufklärung zur Hybris mit dem Gestus autoritären Wissens? Eines Wissens, das die Individuen berechenbar und verfügbar machte? Der die Aufklärung auszeichnende Erkenntniswille enthüllt bei Lavater eine ihm immanente Versuchung: die zum lückenlosen System, das sich die Individuen unterwirft.

Dieser möglichen ‚negativen Dialektik der Aufklärung' opponiert Lichtenberg, indem er das menschliche Antlitz als komplexes Gebilde deutet, Welt und Gesellschaft spiegelnd, Ausdruck aller Erfahrungen eines Lebens, eine Polyphonie aller Lebensstimmen: des sozialen Schicksals, des Wechselverhältnisses von seelischer Disposition und äußeren Einflüssen, von persönlichen Neigungen und auferlegten Pflichten, des Temperaments und der Umwelt, des Charakters und des Zufalls. Lichtenbergs Kritik der Physiognomik enthüllt sich als Plädoyer für die unermeßliche Komplexität des Individuums; jedes Gesicht erzählt von seinen sämtlichen Lebensverhältnissen, aber in jeweils unterschiedlichen Graden: „Die Falte die sich bei dem einen erst nach tausendfacher Wiederholung derselben Bewegung bricht, zeigt sich bei dem andern nach weniger; was bei dem einen eine Verzerrung und Auswuchs verursachet, den selbst die Hunde bemerken, geht dem andern unbezeichnet, oder doch menschlichen Augen unbemerkbar hin.“ (III, 266f.) Indem Lichtenberg die vielgestaltige Zusammensetzung des Individuums namhaft macht und es vor vereinfachenden Definitionen schützt, bewahrt er gleichzeitig sein Geheimnis. Der Naturforscher ist tief genug in den Menschen eingedrungen, um das ‚Unerforschliche‘ in ihm zu achten. Dessen äußere Signatur ist das vom Leben unterschiedlich ‚gezeichnete‘ Gesicht, das in vielfach gebrochener Zeichensprache auf das menschliche Innere verweist und es gleichzeitig verhüllt. Zur Rätselschrift des Schicksals und zur Widerspruchsfülle des Menschen gesellt Lichtenberg seinen inkommensurablen Reichtum an Lebensbedingungen und Lebensbestimmungen.

Ausspähungspolitik

Wie unerläßlich Lichtenbergs Einrede gegen Lavater war, zeigt dessen „Wort an Fürsten, Richter, Verhörer“ (La 210): Es ist Vermittlung von Herrschaftswissen, auf einfache, massive Formeln gebracht. Den „Fürsten, heiligste der Menschen!“, dient Lavater seine Physiognomik eilfertig zum Gebrauch an: „Große Gesichter mit starken, nicht mit harten Zügen (...), offnes Auge mit hellem Blicke, starke Nasenwurzeln sucht und stellt um euren Thron her! Proportionirten und parallel gezeichneten Gesichtern vertraut eure Geheimnisse am Liebsten, horizontalen, festen, gedrängten Augenbraunen, geschweiften und unhart geschlossenen röthlichten, leicht beweglichen, aber nicht schlaffen, welken Lippen!“ (La 211) Ähnliche Ratschläge erteilt Lavater den Richtern, Geistlichen und Lehrern: „Ihr sollt wissen, wen ihr vor euch habt, und die Gesichter scharf prüfen (...) deren Capazität uns beynahe mathematisch gewiß“ ist! (La 212) Daß mit der Physiognomik absolutistische Verkehrsformen auch in den alltäglichen Umgang der Menschen Einzug halten könnten, hatte Lavater selbst einmal in einem fiktiven Dialog erwogen: „O wie viel Unheil wirst du stiften mit deiner Physiognomik? (...) Du willst die Menschen auch noch lehren auflauren auf des

Herzens Geheimnisse, die tieffsten Fehler, auf jeden Mistritt der Gedanken? Sieh von nun an mit scharfem Blick, mit bewaffnetem Auge überall nur Beobachter! Nur Physiognomienbeobachter in Gesellschaften, bey Leichenbegängnissen, in der Kirche (...).“ (La 154) Mit seinem Fürstendienst, mit seinen Gebrauchsanweisungen für die Justiz, die Geistlichkeit und die Lehrerschaft erhärtet Lavater ungewollt den eben ausgesprochenen Verdacht. Vergeblich seine rhetorischen Anstrengungen, ihn zu widerlegen! Sie sind machtlos gegen das „bewaffnete Auge“ der allgegenwärtigen „Beobachter“. In diesem Bild ist die Wahrheit über die Physiognomik Lavaters eingefangen, mag er sie auch in Abrede stellen. Das „bewaffnete Auge“ ist Teil jener Gewalt, an der eine dem Staat einverleibte Aufklärung teil hat. Es ist ein omnipräsentes Auge, wie es auch in der Architektur jener Epoche eine Rolle spielt. Daran hat Gert Mattenklott erinnert: „Hermetische Abdichtung nach außen und perfekte Überwachung durch den Kontrollblick der Aufsicht im Innern, so ist von Foucault und seinen Schülern das System der großen Gefangenen- und Krankenanstalten beschrieben worden, das im Laufe des 18. Jahrhunderts zunehmend perfektioniert wird. Der Triumph des kalten Auges erweist sich in der Depersonalisierung der zu Unpersonen degradierten Insassen. (...) Aus der Zeit des Übergangs vom 18. ins 19. Jahrhundert datiert der Plan für ein *Panopticon* von Jeremy Bentham – eines Schülers von Adam Smith –, eine Überwachungsanlage mit optimalem Effekt bei geringstmöglichem Aufwand, in welcher der Aufseher, ‚selber unsichtbar‘, regiert wie ein Geist. Benthams Plan sieht die konzentrische Formierung der Gefangenenbehältnisse um einen Beobachtungsturm vor: einen mit Augen bewehrten Phallus. Die Zellen sind nach innen hin offen und also mit einem Blick übersehbar. Die Fenster des Turms sind mit Jalousien verkleidet, die nur den Blick von drinnen nach draußen erlauben, nicht umgekehrt, so daß die Häftlinge im ungewissen bleiben, ob sie beobachtet werden.“[18]

In eine ähnliche Gefangenschaft könnten auch ‚normale‘ Zeitgenossen geraten – in Gegenwart eines Physiognomen. Er wäre fähig, sie in quälende Ungewißheit zu stürzen: durchdringt sie sein messerscharfes Auge und entblößt ihr Inneres? Sie müßten damit rechnen, vom Kopf bis zur Seele, in mentaler und charakterlicher Hinsicht, seziert zu werden. So hat Lavater an der Formation des Kontrollauges einer sich überhebenden Aufklärung teil; einer Aufklärung, deren ursprünglich humane Intention – die Erweiterung des Erkenntnisvermögens – sich einer absolutistischen Ausspähungspolitik ergibt. Darüber kann auch der hymnische Ton nicht hinwegtäuschen, in dem Lavater seine Physiognomik zum Lobe Gottes anstimmt; der Schöpfer des menschlichen Antlitzes offenbare dem „Gesichtskenner die tausendfältigen Ausdrücke der göttlichen Weisheit und Güte" und versetze ihn in „geheime Entzückung" (La 151 f.), so, als sei der Physiognome Gottes persönlicher Mitwisser. Was da im Geiste schwärmerischer Empfindsamkeit ein frommes Erbeben intoniert, ist insgeheim der Ungeist der Selbstverzückung, der sich auf der Höhe des Auges Gottes und im Besitz des absoluten Wissens wähnt.

Dialektik der Menschenkenntnis

An diesem Wissen befremden einige fundamentale Wissenslükken. Wohl weiß Lavater, daß es gemischte Phänomene gibt: die Schönheit mit dem „lasterhaften" und die „Häßlichkeit" mit dem „tugendhaften" Charakter (vgl. La 137). Aber der Systemzwang führt ihn von der zeitweiligen Reflexion des Gemischten und seiner sozialen Bedingungen stracks wieder zu seinem ungemischten dualistischen Prinzip zurück. So gibt er ein Wissen preis, auf das Lichtenberg um so energischer pocht: daß die Gesellschaft Physiognomien mitpräge. Und da unterscheidet Lichtenberg nach Ständen. Die „schönen Lasterhaften" – sind sie nicht mit Vorliebe im feinsten Stand zu Hause? Man sehe genauer hin: „Wer schöne Spitzbuben, glatte Betrüger und reizende Waisenschinder sehen will, muß sie nicht gerade immer hinter den Hecken und in Dorf-Kerkern suchen. Er muß hingehen, wo sie aus Silber speisen, wo sie Gesichter-Kenntnis und Macht über ihre Muskeln haben, wo sie mit einem Achselzucken

Familien unglücklich machen, und ehrliche Namen und Kredit über den Haufen wispern, oder mit affektierter Unschlüssigkeit wegstottern" (III, 271). Mit Anmerkungen dieser Art führt Lichtenberg die Tradition der großen französischen Moralisten von La Rochefoucauld bis Rivarol fort: ihr am Hofe und in der feinen Welt erworbenes Wissen von der Verstellungskunst der Einflußreichen und Ehrgeizigen, von der doppelzüngigen Diplomatie der Mächtigen, von der vollendeten Hypokrisie der Machthungrigen. Der Prozeß der Zivilisierung mündet in die Verschlüsselung des ‚wahren Gesichts': „die Bösewichter werden immer unkenntlicher, jemehr sie Erziehung gehabt haben, jemehr Ehrgeiz sie besitzen und je wichtiger die Gesellschaft war, mit der sie umgingen." (III, 291)

Diese Menschenkenntnis ist es, auf der Lichtenbergs grundlegende Einsicht fußt: „Was für ein unermeßlicher Sprung von der Oberfläche des Leibes zum Innern der Seele!" (III, 258) Daß wir das Verhältnis zwischen Leib und Seele gerade aufgrund unserer Menschenkenntnis so wenig kennen, ist das Paradox, dem sich Lichtenbergs Aufklärung stellt. Ihre Pointe besteht darin, daß sie ihr Erfahrungswissen so weit wie nur möglich bis an die Schwelle des Unerkennbaren und Unerforschlichen ausdehnt. Nur dem tiefsten Wissen wird die Einsicht in das Nicht-Wißbare zuteil. Die Dialektik zwischen der Grenzüberschreitung des bisher Gewußten und der Selbstbescheidung an der Grenze des Unerkennbaren ist der Prüfstein aufgeklärter Haltung.

Lichtenberg hat im Geiste dieser Dialektik auch das Feld der Pathognomie gesichtet – der mimisch-gestischen „Zeichen der Gemütsbewegungen" (III, 264). Den Theaterliebhaber und Bewunderer Garricks faszinierte die *momentane* „vorübergehende" (III, 264) Sprache der Affekte in Gesicht und Körperhaltung – sie beseelt das Schauspiel und die Pantomime. Den Kritiker der Physiognomen interessierte, ob Affekte und Leidenschaften, die *wiederholt* auftreten, nicht „merkliche Spuren" (III, 264) im menschlichen Antlitz hinterlassen. Dann könnten sie Zeugen einer seelischen Grundhaltung und verläßliche Ratgeber der Physiognomen sein. Ohne diese Möglichkeit prinzipiell auszuschließen, hat Lichtenberg sie schließlich gleichsam verflüchtigt – inspiriert von seiner konjunktivischen „Behutsamkeit“ und Skepsis.[19] Läßt sich je feststellen, wie und in welchem Grad sich konstante Leidenschaften in die von Person zu Person unterschiedliche Haut einschreiben? Als Empiriker und Physiologe rät Lichtenberg zu höchster Um- und Vorsicht. Kann nicht „geringer Krampf aussehen (...) wie Spötterei, und eine Schmarre wie Falschheit?“ (III, 290) Eine „Verzerrung durch die Pocken, Zahnlücken etc.“ (III, 290) kann wie der Ausdruck einer konstanten Leidenschaft wirken. Der Physiker Lichtenberg, der die Ursachen-Wirkungs-Verhältnisse in der Natur untersucht, warnt vor den eilfertigen Metaphysikern in uns allen: vor jenem bedeutungsheischenden „Naturtrieb“, dem das menschliche Gesicht „eine Tafel“ (III, 290) ist, „wo jedem Strich transzendente Bedeutung beigelegt“ (III, 290) wird.

Den physiologischen Vorbehalten gegen die pathognomische Gesichtsdeutung gesellt Lichtenberg psychologische zu, die seiner ‚Menschenerfahrungskunde‘ entstammen. Neigt nicht das menschliche Wesen zum Rollenspiel? Erliegt es nicht von Fall zu Fall der eitlen Versuchung, seine „Oberfläche der Oberfläche berühmter, bewunderter und beliebter Menschen ähnlich zu machen“ (III, 282)? Zum Beispiel in Form „vornehmen Trübsehens, empfindsamer Melancholie, leichtfertiger Lebhaftigkeit“ (III, 282) – Formen, von denen Temperament und Charakter durchaus unberührt bleiben? Je intensiver Lichtenberg sich die Menschen vergegenwärtigt, um so weniger kann er ihre Disposition zu täuschender Selbstdarstellung ausschließen. Erneut ist es gerade seine Welt- und Menschenkenntnis, die ihm die Erfahrung des Unerkennbaren aufdrängt. Dieser Dialektik einzugedenken, gehört zu den Eigentümlichkeiten seines aufgeklärten Denkens.

Lichtenbergs Zweifel an der „Lesbarkeit“ des Gesichts betrifft auch dessen „bewegliche Teile“ (III, 287). Gewiß, er traut ihnen mehr Aussagekraft zu als den „festen und unbeweglichen“ (III, 287) wie Nase und Kinn, auf die sich Lavater fixiert. Das unbewegliche Gesichtsmerkmal, das dem Physiognomen zum Charakter- und Geisteszeichen gerinnt – es macht geradezu eine zentrale Idee der Aufklärung undenkbar: die Entwicklungsfähigkeit des Menschen. Im Banne seiner festen Nasenform müßte das Individuum gleichsam jeder Selbstveränderung entsagen – eine der Vernunft spottende Absurdität, mit der sich die Physiognomik selbst zu Fall bringt.

Die von Lichtenberg bevorzugten „beweglichen" Gesichtsteile korrespondieren wenigstens der aufklärerischen Idee der Veränderbarkeit des Menschen. Aber auch sie geraten in das Kräftefeld einer umfassenden Skepsis Lichtenbergs, die seine Streitschrift von Anfang an durchdringt: der Skepsis im Geiste der Hermeneutik. Sie darf als eine Grundform seines Denkens gelten, die – der Studie Ernst-Peter Wieckenbergs zufolge[20] – auch seinen Hogarth-Kommentaren eingeprägt ist.

Hermeneutische Skepsis

Wer anders sehen will als die Physiognomen, muß sich die Bedingungen seines Sehens bewußt machen: seine Voraannahmen, seine Fehlerquellen, seine blinden Flecken. Lichtenbergs Physiognomik-Kritik ist unter anderem eine Kritik dieser Wahrnehmungsbedingungen. Sie klärt darüber auf, inwiefern wir als sehende Subjekte die wahrgenommenen Menschen verfehlen können, inwiefern sich unser Sehen an ihnen ver-sieht. In dieser Hinsicht ist seine Schrift auch ein fundamentaler Beitrag zur Hermeneutik, der Kunst des Lesens und Verstehens bzw. der Unterweisung in die Grenzen und Bedingtheiten dieser Kunst. Einen hermeneutischen Grundsatz par excellence – das vielfach bedingte, subjektiv und sozial gefärbte Erkenntnisinteresse – macht Lichtenberg für jeden Wahrnehmungsakt namhaft: „Jedermann macht sich nach seiner Lage in der Welt, und seiner Ideen im Kopf, nach seinem Interesse, Laune und Witz, weil er das ganze Gesicht nicht fassen kann, einen Auszug daraus, der nach seinem System das Merkwürdigste enthält und den richtet er" (III, 286).

Sehen ist ein höchst individueller Selektionsakt, der sich den Rang eines Gesamturteils anmaßt. Allein diese Einsicht wäre hinreichend, die von Lavater reklamierte Objektivität seiner

Physiognomik umzustürzen. Als „hinfällig" charakterisiert Lichtenberg unseren selektiven Wahrnehmungssinn; er würde „durch vorgreifende Schlüsse und assoziierte Vorstellungen so leicht geschwächt und verdreht" (III, 268), daß es „fast unmöglich ist, Urteil von Empfindung zu trennen" (III, 268). Um Beispiele ist Lichtenberg nicht verlegen. Fallen nicht vom „Gesicht eines Feindes" Schatten auf „tausend andere Gesichter", wie umgekehrt vom Gesicht „einer Geliebten" sich Glanz „über Tausende verbreitet" (III, 272)? Und was bewirkt nicht allein das simple Faktum der Ähnlichkeit? „So bald wir einen Menschen erblicken, so ist es allerdings dem Gesetz unseres Denkens und Empfindens gemäß, daß uns die nächstähnliche Figur, die wir gekannt haben, sogleich in den Sinn kommt, und gemeiniglich auch unser Urteil sogleich bestimmt." (III, 283) Ein wahrhaft merkwürdiges Gesetz, dem wir hier unterworfen sind, ein Anreiz zu fortwährenden Verkennungen und Täuschungen! Lichtenberg ratifiziert es mit der ihm eigenen bündigen Kürze: „Wir urteilen stündlich aus dem Gesicht, und irren stündlich." (III, 283) Selten hat man die Welt der Erscheinungen mit so radikaler Skepsis als irreführend, selten die wahrnehmenden Subjekte mit dieser Ironie als irregeführt hingestellt! Der Empiriker Lichtenberg ist tief genug in die Subjekte eingedrungen, um ihren Hang zur Selbsttäuschung zu bemerken. Da sind die „unschuldigen" Irrgänger, die „den Leuten" nur das ansehen, „was sie schon von ihnen wissen" (III, 289). Und da sind die belesenen und gelehrten Irrgänger, welche die Leute schon ‚gesehen' haben, ehe sie ihnen begegnet sind: „Oft sieht der Physiognome Forschungs-Geist in den Augenknochen, oder poetisches Genie in den Lippen des Mannes, weil er sie in dessen Schriften (...) zu finden glaubt" (III, 288) – zu finden glaubt „aus Mangel an Kenntnissen und Geschmack oder durch Journale verführt!" (III, 288) Man vergleiche Lavaters dithyrambische Huldigungen an das Genie mit seinen physiognomischen Charakteristiken des Genie-Gesichtes, und man wird sich eingestehen müssen, mit wieviel Naivität er seinen Geniebegriff auf Nase, Mund und Stirn der bewunderten Menschen überträgt. Der Genie-Mode seiner Zeit hatte Lichtenberg schon in seiner „Einleitung" alle Sympathie aufgekündigt. In seiner Schrift wirft er ironische Streiflichter auf die „berühmten nachäffenden Originale, deren Ruhm erst von einer freundschaftlichen Kandidaten-Junta posaunt“ wird und dann in der „schwärmerischen Empfindsamkeit“ (III, 261) eines Lavater widerhallt.

Alternatives Sehen

Die hermeneutische Kritik des Sehens setzt die Möglichkeit eines alternativen Sehens frei. Es ist bemerkenswert, daß, zeitgleich zu Lichtenberg, diese Möglichkeit von Goethe erprobt wird. Goethes Entfernung von Lavater, dem er zunächst vorbehaltlos zugetan war, erfolgte unter anderem im Zeichen des „Lebendigen“, das Lavaters statische Blickrichtung auf das „ruhende Gesicht“ verfehlen mußte. Im „Lebendigen“ erblickte Goethe das Gesetz immerwährenden Wandels, das jeglicher „Gestalt“ eingeschrieben ist. Es bezeugt sich im Wandel der Erscheinungsformen, die an der „Gestalt“ bemerkbar werden – an ihren wechselnden Hüllen, Schalen, Rinden, den Manifestationen des „schaffenden Gewebes“, das zum „Wesen“ der „Gestalt“ gehört.[21] Dieser Anschauung steht Lichtenberg nahe. Sie erfaßt die Gestalt nicht in ihrer Nacktheit, indem sie von ihren Einkleidungen abstrahiert – und sie dergestalt in abstrakter Unmittelbarkeit beschwört. Sie achtet vielmehr auf das Widerspiel zwischen Person und Einkleidung, Gesicht und kultureller Einbindung. „Kleidung, Anstand, Kompliment (...) und Aufführung“ (III, 289) eines Menschen bei seinem ersten Auftreten würden, so Lichtenberg, den Ausdruck seines Gesichtes und den Eindruck, den wir davon gewinnen, mitprägen. Die „Form unseres Hutes und Art ihn zu setzen“ verrieten „unsern ganzen Umgang und Grad von Geckerei“ (III, 289) und würden auch auf unsere Physiognomie zurückstrahlen. Oder, um es in einer der geschliffenen Sentenzen Lichtenbergs auszudrücken: „Reine Wäsche und ein simpler Anzug bedecken auch Züge des Gesichts.“ (III, 289) Solche Formulierungen zeugen nicht nur von der Kunst vermittelnden Sehens, das des Ineinanderspiels von Angesicht und Kleidung inne wird. Sie zeugen nicht minder von der Kunst, im spezifischen Detail den Fingerzeig auf ein Ganzes, im unabsichtlichen Gestus den Umriß eines Charakters wahrzunehmen. „Eine einzige Partikel“, bemerkt Lichtenberg in diesem Zusammenhang, kann eine „schlechte Erziehung“ (III, 289) verraten – es muß nur eine signifikante Partikel sein. Nur derjenige nimmt sie intuitiv wahr, dessen Sehen die Schule der Erfahrung durchlaufen hat und weltkundig geworden ist. Intuition als Quintessenz komplexen Wissens! Mit diesem Vermögen nun, das von einer Partikel intuitiv-wissend auf ein Ganzes, von einer Besonderheit auf das Allgemeine schließt, nimmt Lichtenberg eine moderne kulturphysiognomische Betrachtungsart vorweg. Denn von Georg Simmel über Siegfried Kracauer bis zu Walter Benjamin und Theodor W. Adorno wird immer wieder der Zugang zum Detail von struktureller Typik, zur Besonderheit von repräsentativer Aussagekraft, zum Ausschnitt von gesellschaftshaltiger Allegorik erprobt.

Dieses Experiment erfolgt freilich weitab von der gängigen Blickrichtung und ihren normierten Vorgaben; ja, es erfolgt kontradiktorisch dazu. Lichtenberg läßt seine Leser unverblümt wissen, daß er Gesichter keinesfalls nach dem Schönheitsideal seiner Zeit, dem antiken Winckelmanns, beurteile. Dadurch würde man nur verborgene und durchaus individuelle Schönheiten übersehen. Er hätte „in Gesichtern redlicher Personen beiderlei Geschlechts, die von Leuten, die ihre Tugend nicht kannten, für häßlich gehalten wurden, Ausdrücke gesehen (...), die er gegen alle die uns eingepredigten Reize (...) nicht vermißt haben wollte“ (III, 270). Wieviel ästhetischer Eigensinn! Eigensinn namentlich gegenüber dem kulturellen Diskurs im eigenen Lager, dem der Gebildeten. Und wieviel Humanität zugleich, zu Ehren der „Häßlichen“ und ihrer „unaussprechlichen Reize“ (III, 270)! Lichtenberg begibt sich auf die Seitenwege der Gesellschaft und befehdet von dort aus ihren Gewohnheitsblick und ihre normierte Ästhetik, um der verfemten oder gering geschätzten Individualität ihr Recht widerfahren zu lassen: der „auffallenden Häßlichkeit“ zum Beispiel, welche kraft ihrer „Tugenden“ „Reize“ besitzt, „die irgend jemand unwiderstehlich sind.

(...) Dem Verfasser sind Beispiele hiervon von Frauenzimmern bekannt, die (...) auch die häßlichsten mit Mut erfüllen würden." (III, 294) Das ist die Sprache der Menschlichkeit, die ihren Erkenntnisdrang auf Gebiete ausdehnt, die sonst keines Blicks gewürdigt werden, und verkannte Schönheiten nicht nur entdeckt, sondern sie mit Lebensmut begabt. Lichtenbergs ästhetischer Eigensinn widersetzt sich den Schönheitsbildern seiner Gesellschaft und paart sich mit der Urteilskraft der Moralisten, die der ‚Häßlichkeit' ihre eigene Ästhetik zuerkennen. In der ‚häßlichen' Erscheinung kann – für den aufmerksamen Betrachter – der Reiz moralischer Vorzüge aufblitzen. Unter ihnen nennt Lichtenberg an dieser Stelle „die sorgfältige Schonung der Delikatesse anderer Personen auch in Kleinigkeiten, Bestreben jedem in Gesellschaft unvermerkt Gelegenheit zu geben sich zu zeigen". (III, 294) Solche „sorgfältige Schonung" verkannter Personen und ihrer äußeren Erscheinung bezeugt Lichtenberg selbst, wenn er sie ermuntert, sich „in Gesellschaft" auf unbefangene Weise zu „zeigen".

Ästhetisches Gesichter-Bilden. Lebens-Kunst

Seiner potentiellen Ästhetik des Häßlichen und Verkannten gesellt Lichtenberg, in einer Art Zwischenspiel, ein Ästhetik-Scherzo zu. Es entspricht einer primären Neigung seines Denkens – seiner anarchisch aufgelegten und in Bildern sich entladenden Phantasie. „Witz" und „verführerische Einbildungskraft" (III, 288) heißen denn auch die Leitmotive dieses Scherzos. Gewiß, die „wache, nüchterne Vernunft" (III, 288) des Skeptikers mißtraut der Physiognomik gründlich, doch darf sie dafür in müßigen Stunden, „wenn sie einen kleinen Hieb hat", fröhlich ausschwärmen und aus dem Anblick von Gesichtern „ganze Lebensläufe und Privat-Geschichten" spinnen, ja, sie darf, wohl wissend, daß es sich hierbei um einen Scherz der witzigen Einbildungskraft, nicht etwa um „bare Philosophie" handelt, einen „Strich von verwegner Leichtfertigkeit" (III, 289) haben. Hatte der Wissenschaftler und Anthropologe in Lichtenberg sich dagegen gesträubt, aus dem Gesicht ein System der Menschenkenntnis zu schmieden, so darf der Ästhet und Künstler es als phantasievolle Einrichtung genießen: als die „unterhaltendste Fläche auf der Erde“, als den bildlichen Anlaß zu *erzählerischen* Vergnügungen. Und auch den umgekehrten Weg darf er einschlagen: den vom *Erzählen* zum Gesichter-*Bilden*, von Geschichten zu Gesichtern. Am Beispiel eines Nachtwächters, den er noch nie zu Gesicht bekommen hatte, erzählt Lichtenberg, wie dessen Baßstimme im Bunde mit einigen „dichterischen Ideen von der Göttin der Nacht“ (III, 284) in ihm ursprünglich ein phantastisches Nachtwächterbild hervorgerufen hätten, dem das Original, als er es endlich zu sehen bekam, in nichts entsprach. Stimme, Klangbild, Ideen-Assoziation, Kindheitserinnerungen hatten eine der Realität spottende Gesichtsphantasie hervorgebracht, angesiedelt an der „Grenze zwischen Wachen und Träumen“, an dem von Lichtenberg so geschätzten Übergang von „hell-tagender Vernunft“ (III, 285) zu nächtlich schweifender Assoziationslust. Wie ein Gesicht die erzählerische Phantasie und den geflügelten Witz in Schwung versetzen kann, so ein Wort und eine Erzählung die träumende, gesichterbildende Phantasie: ästhetische Vergnügungen von Rang, die dem Künstlertum Lichtenbergs korrespondieren. Unsere wissenschaftliche Ehre verspielen wir, wenn wir in Gesichtern systematisch lesen; unsere ästhetische gewinnen wir, wenn wir von ihnen zu Erzählspielen ausschwärmen oder zum erzählten Wort phantasievolle Gesichter bilden. Der hochempfindliche Zweifler Lichtenberg gab das menschliche Gesicht, aus dem ihm die Unberechenbarkeit und Unverfügbarkeit des Lebens entgegenblickte, für die Wissenschaft verloren, rettete es jedoch für die Kunst im Leben bzw. für ein künstlerisch beseeltes Leben. Dergestalt mündet Lichtenbergs Destruktion der Physiognomik in den Entwurf einer Lebens-Kunst.

Lichtenbergs Lebenskunst hat freilich auch eine eminent praktische Seite. Sie kennzeichnet den Volksaufklärer, der die Gesichtsdeuterei als ein Geschäft eitlen Müßiggangs ersetzen will durch die einfachste und zuverlässigste aller Charakterproben: das Tun und Lassen des Menschen. Sein unverstelltes Handeln allein gebe Kunde von seiner moralischen Haltung. „Wer gegen sein Gesinde gut ist, ist meistens im Grunde gut: man verstellt sich nicht leicht gegen Leute, die man für ihre Dienste bezahlt und von einem abhängen." (III, 293) An die Stelle der physiognomischen Spiegelfechtereien, die das Ich und die Umwelt mystifizieren, sollte der Intention Lichtenbergs zufolge die untrügliche Spiegelschrift des Handelns treten. So präludiert seine Menschenkenntnis an diesem Punkt der praktischen Vernunft Kants. Ihre Schlichtheit versteht sich wohl als der polemische Kontrast zu den leeren Subtilitäten der Gesichtsdeuter.[22]

Zu Komposition und Stil

„Zerstreute Anmerkungen" (III, 263) – so forciert bescheiden hat Lichtenberg seine Streitschrift charakterisiert; „Ausschweifungen" (III, 260) hat er sie an anderer Stelle genannt und damit seine ungezwungen sich äußernde Subjektivität gemeint. Freilich, wer Zweifel sät gegen Zwangsvorstellungen und systematisierende Zugriffe auf die Lebenswelten, wird sich nicht selber in Komposition und Stil Ordnungszwängen unterwerfen. Gleichwohl lassen Lichtenbergs spontan und assoziativ wirkende Einlassungen eine Ideenkonfiguration erkennen – beweglich, aber nicht willkürlich; sie entfaltet sich in zehn Textsegmenten, die vielfach miteinander verwoben sind und jeweils ein besonderes Thema durchspielen. Nach einer Ouvertüre mit einer kecken Diskordanz – ist Lavaters Werk etwas „epochemachendes Weltumschaffendes" oder nur für die „Toilette" (III, 263) brauchbar? – zeichnet sich ein Gedankenkreis zum Thema „Teil" und „Ganzes", Körperoberfläche und Welt ab, mit skeptischen Notaten zu unserer physiognomischen Wahrnehmungsfähigkeit (I). Wie irreführend die Körperoberfläche sein kann, wenn sie zum Sinnbild des Charakters umgedeutet wird, erläutert Lichtenberg dann am Beispiel des „Bösewichts" und der charakterbildenden Macht sozialer „Umstände" (II). Es folgt ein polemisches Traktat über die Lavatersche Unterscheidung der Charaktere nach den physiognomischen Attributen „schön" und „häßlich" (III), eine soziale Kritik an der Ausdehnung dieser Unterscheidung auf Europäer und ‚Wilde', und eine Reflexion über die ‚unerklärliche' Widerspruchsfülle zwischen äußerer Erscheinung und Charakter (IV). Daß Physiognomik, entgegen ihrem eigenen Anspruch, die naturwissenschaftliche Methode der empirischen Fundierung und experimentellen Überprüfung verfehle, ergibt sich aus den aufgewiesenen Mängeln folgerichtig (V). Ob die Physiognomen verläßlichere Urteile mit Hilfe der Pathognomie fällen können, erwägen und verneinen die anschließenden Gedankengänge (VI). Das folgende Intermezzo kreist um die ästhetische Dimension von Gesichtsbildern: um ihre Entstehung aus Wörtern, Klängen, Erinnerungen, und um ihre Einbindung in das Spiel der Phantasie (VII). Den empirischen Status der Physiognomik erneut überprüfend, weist Lichtenberg sie am Beispiel der Nase ironisch in die Schranken, plädiert für die schärfere Wahrnehmung des dynamisch sich verändernden Gesichtsausdrucks, entzieht die Gesichtsdeutung endgültig dem Interesse der „wachen Vernunft", um sie dem ästhetischen Reich der Phantasie und des „Witzes" anheimzugeben, und rät zur Berücksichtigung des gesamten Erscheinungsbildes einer Person. An dieser Stelle werden die Gedankengänge fragmentarisch und kleinteilig (VIII) – es ist Zeit „abzubrechen" und eine Zusammenfassung zu geben (IX). Sie mündet in das Plädoyer, das Wahrnehmungsinteresse vom Gesicht auf die Handlungen des Menschen zu verlagern und ein verändertes Sehen zu erproben (X).

Das ihr eigentümliche Leben gewinnt diese Ideenkonfiguration durch den unverwechselbaren Duktus der Schrift. Kein Gedanke, der nicht unmittelbar zum Bilde drängte, einem der bevorzugten Stilmerkmale Lichtenbergs. Und kein Bild, das nicht seinerseits einen Gedanken hervortriebe. Daß eins im andern sich spiegelt und sich erkennt, eins das andere bedingt und herbeiruft, erzeugt das für Lichtenberg so bezeichnende Ineinanderspiel des Allgemeinen und Besonderen, des Abstrakten und Konkreten. Er wolle „Beobachtungsgeist aufwecken" (III, 264), bemerkt Lichtenberg anfangs, und in dem substantivischen Kompositum ist das genannte Ineinanderspiel enthalten: Geist, der durch Beobachtung lebendig, Beobachtung, die durch den Geist zur Erkenntnis wird. Im Bannkreis der Bilder wird der Geist versinnlicht, im Äther des Geistes erhalten die Bilder eine verallgemeinerbare Aussagekraft. Sind wir selbst verantwortlich für Mängel in unserer Gesichtsbildung und unserem Körperbau? Dem Ja Lavaters entzieht Lichtenberg mit einer bildkräftigen Gegenfrage allen Grund: „Sind die Fehler, die ich in einem Wachsbilde bemerke, alle Fehler des Künstlers, oder nicht auch Wirkungen ungeschickter Betaster, der Sonnenhitze oder einer warmen Stube?" (III, 266) Lichtenbergs Vergleich entstammt der Erfahrungswirklichkeit: so erhält seine Idee vom überpersönlichen Einfluß der Umstände auf unser Erscheinungsbild mehr Gewicht. Und umgekehrt macht diese Idee das empirische Objekt – das Wachsbild – zum Sinnbild eines allgemeinen Gesetzes.

Derartige Vergleiche verleihen der Argumentation Lichtenbergs sinnlich-empirische Leuchtkraft. Sie bezeugen seine produktive Bindung an die Tradition der Rhetorik, namentlich an die *ars inveniendi* – das (Er-)Finden erfahrungshaltiger Vergleiche und Beispiele zur Belebung, Fundierung und Ausschmükkung eines Gedankens. In solcher Findekunst bewährt sich Lichtenbergs ‚Witz'. Er verschränkt überraschend weit voneinander entfernte Gegenstände und Sphären – und verhilft gerade dadurch dem Gedanken zur Evidenz. Die unüberbrückbare Kluft zwischen einer Stimme und einem Gesicht etwa – sie bricht an einem Alltagsbeispiel auf, das der Witz zur Ewigkeit hin wendet: „Wer des Nachts auf einer Postkutsche gereiset ist, und im Dunkeln Bekanntschaft mit Leuten gemacht hat, die er nie gesehen hat, wird die Nacht über sich ein Bild von ihnen formiert haben und sich am Morgen so betrogen finden, als sich der Physiognome an jenem großen feierlichen Morgen betrogen finden wird, an dem sich unsere Seelen zum erstenmal von Angesicht schauen werden." (III, 284) Die Schweiflust des phantasievollen Witzes ergeht sich bis ans Ende aller Zeit, um die Physiognomik zu widerlegen, gestützt von der Beweiskraft der jedermann zugänglichen Alltagserfahrung. Diese selbst aber wird gestreift vom Schauer der Seelenoffenbarung. An solchen weit gespannten Assoziationen ist Lichtenbergs Schrift reich. Sie begleiten die Logik einer Beweisführung, verleihen ihr ästhetische Bildkraft und regen zum kontemplativen Innehalten an. Und doch leisten sie nirgendwo einer vagen oder pathetischen Stimmung Vorschub. Sie sind eingebunden in Sätze, deren Formkraft den Leser zum gespannten Aufmerken zwingt. Im vorliegenden Fall ist es, wie so häufig bei Lichtenberg, eine rhetorische Formkraft. Die schweifende Assoziation ist in die doppelte Antithetik von Nacht und Morgen, Täuschung und Offenbarung gegliedert und wird überwölbt vom vergleichenden Brückenschlag des „so ... als", der den zeitlichen mit dem ewigen Morgen verbindet.

Von den Stilfiguren der Rhetorik ist Lichtenbergs Streitschrift gleichsam durchsät. Parallelismus, Reihung, Anaphorik, Antithese, Klimax – der wohlkalkulierte Gebrauch solcher Formkräfte zielt auf die Herausforderung, Erregung und Unterhaltung der Leser. Diese dialogische Rhetorik entspricht dem hermeneutischen Interesse Lichtenbergs, das die Leser in ihrem Dialog mit Gesicht und Körperbild nachdenklich machen, provozieren, umstimmen will. Im Dienste solcher Dialogkunst stehen auch die Bilder, über die Lichtenberg mit unerschöpflicher Variationskunst gebietet: Metapher, Allegorie, Gleichnis und Vergleich. Sie wirken auf eine Verfremdung und Verrätselung des uns vertrautesten Bildes hin: des menschlichen Gesichts. Ein bemerkenswertes Paradox! Was uns vom täglichen Anblick her als selbstverständlich und deutbar anmutet, wird durch Lichtenbergs Bildersequenzen fremd, vieldeutig, rätselhaft. Sie entwöhnen uns der Alltagswahrnehmung. „Bezieht sich denn alles im Gesicht auf Kopf und Herz?" (III, 267) So lautet Lichtenbergs provozierende Frage an Lavater, der seiner Sache so sicher ist. Die daran anschließende Frage entwaffnet ihn: „Warum deutet ihr nicht den Monat der Geburt, kalten Winter, faule Windeln, leichtfertige Wärterinnen, feuchte Schlafkammern, Krankheiten der Kindheit aus den Nasen?" (III, 267) Die rhetorische Reihung der Bilder und der konkreten Zeitbestimmungen durchzieht und sprengt das gewohnte Gesichtsfeld. Es gerät in den Horizont einer erlebten Vergangenheit – den Erfahrungshorizont der Leser. Vor ihm entgrenzen sich unversehens die wohlbekannten

Gesichtszüge. Sind sie nicht auch die vieldeutig-unbestimmten Zeichen der Vergangenheit? So wird Lavaters hehre Idee der Gesichtslesekunst auf die Probe gestellt und verworfen. Die sarkastische Pointe verrät es: an den Nasen zumindest läßt sich die gelebte Vergangenheit nicht ablesen.

Dieses Verfahren: einen Gedanken der Probe durch Bilder auszusetzen, die der Erfahrung entstammen, kennzeichnet den Duktus Lichtenbergs. Während Lavater die Probe kaum einmal besteht, zieht Lichtenberg spottlustig Gewinn aus ihr. Lavaters Nasen-Fetischismus – er hält die Nase für das „bedeutendste Glied" des Gesichts – verwandelt Lichtenberg in ein wahres Nasen-Capriccio. Wie? Ist es der Vernunft würdig, von „gleichen Nasen auf gleiche Anlagen des Geistes" (III, 276) zu schließen? Und ist es nicht sonderbar, „daß zwei Leute einerlei Nasen haben" – Lavater hatte sich auf zwei bekannte Zeitgenossen bezogen – und doch „Himmel weit voneinander unterschieden sind"? (III, 286) Wenn aber solche Unterschiede des Charakters und des Geistes vorwalten: was hat dann die Nase noch für eine Aussagekraft? Will Lavater vielleicht sagen, „daß, wenn eine platte Nase Schadenfreude bedeutet, der schadenfroh wird, dem man die Nase platt drückt"? (III, 267) Überhaupt scheint Lavater eine Revolution des Nasenbildes zu betreiben, die sogar für den Volksmund Folgen hat: „Es fehlt ihm über der Nase, sagt man im gemeinen Leben von einem, der nicht viel Verstand hat; nach der neuern Physiognomik müßte man sagen, es fehlt ihm an der Nase." (III, 278) Der Schalk in Lichtenberg dreht dem eine Nase, der selbige mit Inbrunst zu deuten liebt, beispielsweise Goethes „an sich allein so dichterische Nase" (La 180). An der Nase erkennt der Physiognom zwingend-zwangsläufig Goethes Genie. Des Genies hingegen ermangelt, wessen Nase „so luftig, locker, unknöchern und so umrissen ist, wie sie ist" (La 205). In dieser Hinsicht ist Lavaters Urteil von knöcherner Festigkeit. Über eines Menschen Fähigkeiten vermittelt seine Nase unumstößliche Gewißheit: „Jeder muß bleiben, wie er ist" – sprich: wie seine Nase es ihm anbefiehlt. „Er kann sich nur auf einen gewissen Grad vervollkommnen, ausbreiten, entwickeln" (La 205): nach Maßgabe seiner Nasenform.

Mit dieser idée fixe gibt Lavater ein Herzstück aller Aufklärung preis: die Idee der Selbstbestimmung des Menschen; statt dessen insinuiert er die Vorherbestimmung durch ein Körperorgan bzw. durch einen Deuter des Organs. Was für ein Geistes-Absolutismus! Zeuge eines „fast schimpflichen Verfalls" der „Selbstbeobachtung und Kenntnis des Menschen" (III, 296)! Zeuge eines modernen „Aberglaubens", der – getarnt durch die „Maske der Vernunft" – „gefährlicher" (III, 257) schien als jeder andere. Daher Lichtenbergs ungewöhnlich dramatische Absichtserklärung: „Ich wollte hindern, daß man nicht zu Beförderung von Menschenliebe physiognomisierte, so wie man ehmals zu Beförderung der Liebe Gottes sengte und brennte." (III, 257) Solch ‚tiefere Bedeutung' legte Lichtenberg mit Scherz, Ironie, Spott und Witz offen.

IV. Die Hogarth-Kommentare
(„Der Weg der Buhlerin")

Englands Dreigestirn

Man sollte Lichtenbergs Physiognomik-Kritik, die eine im deutschen Sprachraum entstandene Ideologie verwirft, nicht ohne seine Erfahrungen im Raume Londons würdigen. Er habe dort, bemerkt Lichtenberg, in den Jahren 1770 und 1774/75 „mit großem Eifer physiognomische Beobachtungen" angestellt, bei „berühmten und berüchtigten" Zeitgenossen, und sich dabei von manchen „gefährlichen" Fehlschlüssen befreit (III, 261): dank neuer Menschenkenntnis. Durch sie wird alle Physiognomik entbehrlich. Wer beispielsweise die Großmut und edle Gesinnung des Schauspielers Macklin kennenlerne, lasse sich von seinem abstoßenden Aussehen nicht beirren. Das Studium des Gesichts sei nur als Studium seines Mienenspiels von Belang, der äußeren Zeichen seelischer Vorgänge; an die Stelle der Physiognomik tritt die Pathognomik – die Kunde vom Mienenspiel der Affekte. An Shakespeare rühmt Lichtenbergs Streitschrift, daß er in seinen Dramen dieses Mienenspiel variationsreich einsetze, an Garrick rühmen seine Theaterbriefe, daß er es variationsreich zur Darstellung bringe. So eng sind beide Texte durch die Erfahrung der englischen Kultur miteinander verbunden! Für einen integralen Bestandteil dieser Kultur hält Lichtenberg auch die bildende Kunst Hogarths.[1] In den Theaterbriefen nennt er einmal Shakespeare und Hogarth „die beiden nahen Geistesverwandten" Garricks (III, 330); zum Dichter und Schauspieler gesellt Lichtenberg den Maler und Zeichner.[2] An diesem Dreigestirn orientiert er maßgeblich seine ästhetischen Auffassungen – und das heißt bei Lichtenberg stets auch: seine Welt- und Menschenkenntnis. Den Dank dafür stattet er Hogarth mit der umfangreichsten seiner Schriften ab: „G. C. Lichtenbergs Ausführliche Erklärung der Hogarthischen Kupferstiche".[3] Als ‚Geistesverwandter' der Theaterbriefe und der Antiphysiognomik bekräftigt Lichtenbergs ‚Hogarth' die von uns vorausgesetzte Einheit seines Schrifttums.

Eine Schule des Sehens

Lichtenbergs populärste (und auch finanziell einträglichste) Schrift verdankt ihre Verbreitung unter anderem dem Ruhm, den Hogarths Kupferstiche zu seiner Zeit erlangt hatten. Ihre einzelnen Szenen wurden „als Pantomime auf die Bühne gebracht" und „zu Operetten ausgesponnen", ja, „man hat sie", wie Lichtenberg einleitend bemerkt, „zu Beherzigung auf Kaffee-Tassen gebracht und auf Sonnenfächern dargestellt." (III, 732) Solcher zerstreuenden Verniedlichung leisten Lichtenbergs Kommentare gewiß keinen Vorschub; eher erfordern sie vom Leser nachhaltige Konzentration, auf daß er die ursprüngliche Spannkraft der Kupferstiche wiederentdecke. Das läßt sich an einem Strukturelement erweisen, das die Hogarth-Kommentare auffällig mit den Theaterbriefen und der reiseliterarischen Korrespondenz verbindet: der Lichtenbergschen *Obsession für das Detail.* So präzise und skrupulös wie Lichtenberg eine Körperstellung Hamlets (bei dessen Begegnung mit dem Geist des Vaters) oder eine Körperbewegung (etwa vor dem Monolog „To be or not to be") nachzeichnet, so detailgetreu und mimetisch genau ist seine Beschreibung der Hogarthschen Szenen und Bildelemente. Hier ist der hochsensible Ästhet mit dem naturwissenschaftlich exakten Beobachter im Bunde. Wenn Lichtenberg im „Weg der Buhlerin" (auf den wir uns hier beschränken) die zweite Station durchmustert und die Körperhaltung der Hauptakteurin ins Visier nimmt, rechte und linke Körperhälfte voneinander unterscheidet und alle Einzelheiten – vom „halben Fingergliedchen" bis zur „Fußspitze" – mikroskopisch bloßstellt – so werden wir zu den erstaunten Zeugen eines durchdringenden Sehens, das Nuancen und Winzigkeiten aufspürt, die wir im Hogarthschen Kupferstich auf Anhieb gar nicht wahrzunehmen vermochten. Vom Lichtenbergschen Kommentar angeleitet, kehren wir mit aufmerksamerem, geschultem Auge zurück, um die Lichtenbergschen Entdeckungen wieder aufzuspüren, diesmal durch die Kraft der Versenkung. Selbst die unhörbare Stimme der Buhlerin bringt Lichtenberg im Sinne des Kleistschen Verses „Man sieht die Stimm' und hört sie nicht" (vgl. III, 753) zum Klingen: er lauscht ihren „Schimpf-Worten" kraft der Bewegung des Munds „viermal gestrichene Diskant-Nötchen" (III, 752) ab! Welche Kraft der visuellen Einfühlung in die Akustik, die spiegelverkehrte Entsprechung zu jenem Aphorismus, der Töne als Bilderschrift vorstellt (vgl. A 134). Und damit nicht genug. Lichtenberg kann, gestützt auf seine akribisch genaue Wahrnehmung, die dargestellten Dinge und Menschen so inständig miteinander verknüpfen, daß sie ein Drama zu erzählen beginnen. Die Buhlerin mit den „Diskant-Nötchen" beispielsweise ist – so sieht es Lichtenberg – auf dem zweiten Kupferstich als Mätresse eines reichen Juden dargestellt. Der überrascht sie mit seiner plötzlichen Ankunft und muß abgelenkt werden, damit ein heimlicher Liebhaber ungesehen entwischen kann. Dafür eignet sich vorzüglich der kleine Teetisch zwischen ihr und dem Juden. Also „hebt sie das rechte Bein auf und tritt den silbernen Tisch, mit Teetopf und Tassen, und allem was da war, über den Haufen." (III, 750) Und nun erfahren die Dinge eine visionäre Vermenschlichung, die das ganze Drama des Sturzes spektakulär zutage fördert – ein rhetorisches Feuerwerk an Verlebendigungen des Unbelebten: „Da ist Verwirrung und Not überall. Alles ist auf der Flucht vor dem aufgehobenen Knie, und sucht sich zu retten. Die Zuckerdose und ein Schälchen, und vermutlich ein Milchkännchen, wagten es zuerst über Bord zu springen und – *sind nicht mehr!* Hinter ihnen drein sprang ein Deckelchen, und sieht bereits gleichem Verhängnis in der Luft entgegen. (...) Am meisten gefaßt scheint noch der Teetopf. Ehe er den tödlichen Sprung wagt, entledigt er sich erst nicht allein seines Deckels, den er eine beträchtliche Strecke voraus geworfen hat, sondern auch gleich darauf seiner *siedheißen* Bürde, und zwar seinem Herrn *recta* in den Strumpf und von da weiter fort in den Schuh." (III, 753f.)

Die darstellende Kunst, so hatte Lessing es im ‚Laokoon'

erläutert, könne ein Ereignis in der *Gleichzeitigkeit* seiner einzelnen Komponenten räumlich vorführen; die literarische Darstellung hingegen müsse es in eine zeitliche *Aufeinanderfolge* zerlegen. Lichtenberg ist im Begriff, beide Künste aus der Perspektive des *Betrachters* miteinander zu versöhnen. Der nämlich erfaßt das räumliche Beziehungssystem der Dinge ja nicht gleichzeitig, er durchschaut es erst allmählich; seine Auffassungskraft verzeitlicht das *bildliche* Nebeneinander zunächst einmal in ein gleichsam literarisches Nacheinander, ehe er es mit einem einzigen Blick verstehend umfaßt. Dieses räumlich-zeitliche Doppelverhältnis bildet Lichtenberg nach, wenn er das schon vollzogene Geschehen – das Nacheinander – im *Präteritum* schildert und darin das gegenwärtige Geschehen – das Nebeneinander – im *Präsens* verankert. Indem Lichtenberg die dargestellte Dingwelt zu dynamischem, quasi-menschlichem Leben erweckt, regt er uns, die lesenden Betrachter, zu neuer Versenkung in die Bilder an; indem er zwischen unmittelbarer Vergangenheit und zuständlicher Gegenwart hin und her wechselt, verschafft er uns selbst eine beweglichere, nuancierte Blickrichtung. Eine Schule des Sehens, zweifellos, eine Verlockung zu kreativer Kontemplation! Eingebunden in die fiktiven Zeitebenen des Bildes, heben wir das Diktat der normierten Alltagszeit auf und konstituieren ein musisches Zeitmaß: die conditio sine qua non des ästhetischen „Spiels“ mit der Kunst.

Das künstlerische Werk, so ließe sich Lichtenbergs Ästhetik pointieren, findet erst im Interpreten und Betrachter zu sich selbst – Shakespeares Hamlet in Garrick und Garrick in Lichtenbergs Betrachtung, Hogarth in Lichtenbergs Kommentar – und im Nachvollzug des betrachtenden Lesers. Wie bewußt Lichtenberg *ihn* einbezieht, durch „Vorbehaltssignale“ und Anreden, durch hermeneutische Kommentarrelativierungen und Wechsel der „Redebeziehungen“, so daß der Leser zur freien Mitwirkung am „Verstehensprozeß“ sich ermutigt sieht, hat Ernst-Peter Wieckenberg dargelegt.[4] Darin darf man gewiß – der Annahme Wieckenbergs zufolge – ein Gegenmodell zum dekretierenden Interpretationsgestus Lavaters sehen, darf man die differenziert entfaltete Reprise jenes Dialogcharakters bemerken, den Gerhard Neumann als konstitutiv für Lichtenbergs Aphoristik hervorgehoben hat.[5] Seine hermeneutischen Wahrnehmungs- und Vermittlungsvorbehalte in den Theaterbriefen sind mehr als ein Zufall, sind eine seiner Deutungskunst eigentümliche Qualität.

Materialistische Ästhetik

Eine andere Eigentümlichkeit der Lichtenbergschen Detailarbeit wird an ihrer historisch-empirischen und unverblümt materialistischen Sehweise evident. Sie entspricht seinem Programm der Welt- und Menschenkenntnis. Vom käuflichen Gewerbe hatte schon seine reiseliterarische Korrespondenz gehandelt. Die nachhaltigen Eindrücke aus jener Zeit belebt er bei der Betrachtung der Hogarthschen Buhlerin wieder, wenn er auf dem zweiten Kupferstich ihre linke und rechte Körperhälfte voneinander unterscheidet: die linke als Verächterin ihres jüdischen Sponsors von der rechten als Wertschätzerin seiner Zahlungskraft. – Es geht indes nicht um das käufliche Gewerbe an und für sich. Lichtenberg benutzt es als eine Art Drehscheibe für alle möglichen Sorten schmutziger Geldwirtschaft: Diebstahl, Betrug, Übervorteilung, Unterschleif etc. Es sind die Nachtseiten der modernen bürgerlichen Gesellschaft, die er in Hogarths Buhlerin-Geschichte abgebildet sieht und sehen will. Gleich die erste Station der Geschichte, auf der er den „berüchtigten Obrist *Charters*" (III, 739) erkennt, nutzt er zu einem Lebensabriß „eines der größten Schurken" (III, 739) aller Zeiten: „Durch diese unermüdete Aufmerksamkeit auf die Laster sowohl als die Bedürfnisse und Torheiten seiner Nebenmenschen erwarb er sich ein unermeßliches Vermögen." (III, 740) Lichtenberg ist sozusagen der negativen Dialektik der Aufklärung auf der Spur: die von ihm unermüdlich geforderte *Beobachtung* als Bedingung der Welt- und Menschenkenntnis kann auch Mittel zur Ausbeutung der Menschen und zur Selbstbereicherung sein. Just davon erzählt Lichtenberg auf jeder der fünf folgenden Stationen der Buhlerin. Von der zweiten, auf der er ihr Verhältnis zu einem banknotenstarken Juden dargestellt sieht, war schon die Rede.

Auf der dritten inspiziert er mit hingebungsvoller Genauigkeit die „Meubel, die die *ökonomischen* Umstände der Dame ins Licht setzen" (III, 761), aber auch die dazwischen gelagerte „Perücken-Schachtel eines berüchtigten Gassendiebs." (III, 765) Auf der vierten macht er, im Gegensatz zu anderen Hogarth-Kommentatoren, einen „alten *Glücksritter*" ausfindig, will sagen einen „Betrüger, der durch fein ausgedachte Ränke, und zwar hauptsächlich unter dem Schein eines Mannes von *Stand* und *Vermögen* die Menschen um ihr Eigentum zu bringen sucht." (III, 781) Die Dynamik des Geldes verführt die Subjekte zur Verstellung, Täuschung und Maskerade, so daß eine Apparatur des Scheins ihre Beziehungen verkettet. Meisterliche Bediener dieser Apparatur erblickt Lichtenberg auf der fünften Lebensstation der Buhlerin, die schon ihre Sterbeszene vorstellt; es handelt sich um zwei falsche Ärzte, die einen schwungvollen Handel mit ‚todsicheren' Medikamenten zur Erhöhung der eigenen Lebensqualität treiben; dem Drang zum Geld ist nichts, auch das Leben nicht, heilig. Und auf der sechsten, der Endstation, macht Lichtenberg beim Begräbnis der Buhlerin einen „Gesindel-Kopulator" („weil er für ein paar Groschen kopulierte") dingfest, in täuschende Predigerkleidung gehüllt, auf daß er selbst im Umfeld des Todes ein eventuelles Geschäft abschließen kann. Dynamik und Verführungskraft des Geldes und Vermögens, die Lichtenberg in seiner Londoner Korrespondenz hatte Revue passieren lassen (vgl. die Briefe vom 19. April 1770 und vom 28. Januar 1775), ziehen sich leitmotivisch durch den „Weg der Buhlerin", genauer gesagt: durch Lichtenbergs eigenwillige Sichtweise szenischer Details.

Dieser ‚Materialismus' Lichtenbergs ist eine Konsequenz seiner empirischen, auch die Aphorismen prägenden Realitätserforschung. Er ist in literarischen Zeugnissen der Epoche Lichtenbergs alles andere als selbstverständlich – und er wird nachgerade zum ‚unerhörten Ereignis', wenn Lichtenberg die Verführungskraft des Geldes mit der des sexualisierten Körpers verbindet. In einer Epoche, die das Sexuelle vorzugsweise in der sublimierten Gestalt des Erotischen literarisch darbot und es im Feuer einer beseelten Sinnlichkeit adelte, wagte es Lichtenberg, den beschönigten Trieb unbeschönigt vorzuzeigen, mehr noch: eine soziale Vulgarisierung durch die Käuflichkeit ans Licht zu ziehen. Selten sind die Schattengewächse der bürgerlichen Gesellschaft in Lichtenbergs Zeit so respektlos zutage gefördert worden; einzig in den „*Soldaten*" des jungen Lenz zeichnet sich die Verfilzung von materiellem Interesse und Triebbegehren ähnlich unkonventionell ab. Indem Lichtenberg die Buhlerin Hogarths expressis verbis in das Kräftefeld anonymen Begehrens und materieller Interessen versetzt, läßt er zugleich die übliche Betrachtungsart der Epoche, die moralische, zurücktreten. Er verabschiedet sie nicht, wie gesagt wurde[6], aber er verschafft einer sozialen Perspektive, die das Individuum überindividuellen Einflüssen ausgesetzt sieht, entschieden mehr Geltung. Lichtenbergs Buhlerin erscheint als das unschuldig-schuldige Opfer ihrer attraktiven Jugend und der ‚Nachtseiten' ihrer Gesellschaft. Im Schmelztiegel der modernen Großstadt wird auch ein gutartiger Charakter – davon erzählt Lichtenberg auf der ersten Station des Mädchens vom Lande – umgeschmolzen zur vollständigen Unperson. Wieviel Erfahrungsgehalt birgt diese dynamisch-soziale Sehweise gegenüber der statisch-provinziellen Lavaters, der getrost auf Gesichtsmerkmale als Fixpunkte des Charakters und der persönlichen Entwicklung setzte!

Epische Kleinkunst

Die Verstrickung der Figuren in materielle Interessen wird von Lichtenberg nicht etwa unbesehen behauptet; er demonstriert sie ad oculos, indem er ihre Lebenswege erkundet, teilweise durch Lektüre von Quellen, Zeitschriften, Lebensbeschreibungen. So entstehen kleine Biographien, die den geschichtlich-sozialen Hintergrund der Hogarthschen Personen aufrollen. Lichtenberg ist gleichsam ihr Historiograph, seine Kommentare greifen hier und da einer historisch-soziologischen Interpretationsmethode vor. Und nicht nur darin sind sie bedeutsam. Sie verraten auch seine Lust an der Zeichnung von Porträts zweideutiger Gestalten und am Erzählen signifikanter Begebenheiten aus ihrem Leben. Nicht allein der Schurke Charters auf dem ersten Kupferstich gewinnt auf diese Weise präzisen Kontur; lebendiger noch, farbiger und abenteuerlicher gerät Lichtenbergs Porträt des berühmt-berüchtigten Predigers Dr. Sacheverel. Anlaß dazu ist sein von Hogarth entworfenes Konterfei, als winzige Zeichnung an einer Zimmerwand aufgehängt, sozusagen ein Kleinstdetail. In frappierendem Kontrast dazu nun Lichtenbergs dramatisch gestufte, mit aufregenden Episoden ausgestattete Schilderung eines Lebensabschnittes des Predigers, ausladend, pittoresk und in die Religionsgeschichte Londons klug verflochten. Ein Meisterwerk epischer Kleinkunst! Es verleiht nicht nur dem Hogarthschen Konterfei einen lebensprallen und historisch nuancierten Hintergrund; es zeugt vielmehr kraft seines Eigengewichts vom verhinderten Erzähler und Romancier Lichtenberg. Er hat wohl nicht zufällig – im Hinblick auf die Kupferstiche – von den „Hogarthischen Romanen" (III, 1028) gesprochen; der Anlage nach ist der in sechs zentrale Lebensstationen gegliederte „Weg der Buhlerin" ja in der Tat ein Roman-Entwurf. Lichtenberg hat diesem Entwurf Ehre erwiesen, indem er seinem Erzähltalent bei mancher Gelegenheit die Zügel schießen ließ und dem Studium historischer Fakten die dichterische Gestalt von Lebensgeschichten und Porträtzeichnungen abgewann. Man verstellt sich den Zugang zu dieser Leistung, wenn man die Lichtenbergschen Kommentare nur als Dienst an Hogarth versteht[7]; sie sind auch das, zweifellos, und sie versehen ihren Dienst hingebungsvoll, aber sie sind darüber hinaus ein episches Gebilde sui generis – Erzählprosa von Rang!

Nirgends tritt ihr Kunstcharakter einnehmender hervor als dort, wo Lichtenberg das Hogarthsche Personal weder auf historische Figuren zurückführen noch es mit historischen Begebenheiten verknüpfen kann: Da vertraut er sich seiner Phantasie an, einer schweiflustigen und doch konkreten Phantasie, wie sie schon seine Londoner Korrespondenz begleitet hat, von der Vorliebe für die Arabeske und die – Laurence Sterne abgewonnene – arabeskenreiche Digression geleitet, dem erhellenden Witz und dem puren Aberwitz gleicherweise zugeneigt. Man sehe sich an, wie Lichtenberg den armen Dorfprediger des ersten Kupferstichs mit seiner ergänzenden Phantasie ausmalt, ihm ein entbehrungsreiches Leben andichtet, wie er durch die Kraft der Einfühlung in Beruf und Existenz des Mannes einen Dorfprediger schlechthin erschafft, gewissermaßen ein Musterexemplar der Gattung, wie in diese soziale Miniatur zugleich sein Witz und Aberwitz hineinfunkeln und etwa die Predigerperücke mit närrischen Einfällen überhäufen, ehe er am Ende die Predigergestalt als anrührendes Gegenbild zum höheren reichen Klerus zeichnet. Ähnlich wie die großen englischen Schauspieler in Lichtenbergs Augen die dargestellten Individuen zu Repräsentanten eines Standes verallgemeinern, so verallgemeinert auch Lichtenberg seinen Geistlichen zu einem repräsentativen Typus: ohne daß mit dieser soziologischen Zuordnung der Arabeskenreichtum seines phantasierenden Witzes karger würde. Das Ergreifende des Rührstücks und das Burleske des Lustspiels mischend, am Alltäglichen, einem durchgeknieten Lederschutz, das Lebensopfer eines Menschen aufweisend, von einem trivialen Detail ausschweifend zu den Schicksalen eines Standes: so kühn bindet Lichtenbergs Phantasiewitz die Extreme und konträren Genres aneinander; er setzt die epischen Stilmischungen Laurence Sternes fort und überträgt die Genrekombinationen Hogarths kongenial auf das Feld der Erzählprosa.[8]

Dem Phantasie-Witz Lichtenbergs entspringt der ausschweifende *Vergleich* oder das weitschweifige Gleichnis allerorten. Seine Eloge der gleichnisstarken Sprache Jean Pauls hat ihren Ursprung in seinen eigenen Stilvorlieben.[9] Nicht nur erzeugt er mit Vergleich und Gleichnis eine zweite Bilderwelt neben der primären Hogarths; er durchbricht damit auch die strenge Funktionalität der Bilddeutung. Es scheint so, als wolle Lichtenberg vermeiden, was uns allzu geläufig geworden ist: die Zurichtung des Kunstwerks zu Deutungszwecken. Solcher Zweckrationalität opponiert sein anarchischer Witz in den Aphorismen (vgl. das Kapitel „Fröhliche Anarchie"). Die Schwungkraft dieses Witzes negiert von Zeit zu Zeit das „Wie" des bildlichen Vergleichs und heftet die verglichenen Phänomene direkt aneinander: so entsteht aus dem Vergleich die Metapher. Von solcher Art sind die von Lichtenberg inszenierten Militärbilder: Das vergleichende „Wie“ opfernd, militarisiert er sozusagen das Tun und Treiben der Person, verleiht ihm die Dynamik einer Minenzündung (wenn die Buhlerin auf dem zweiten Kupferstich ihren reichen Gast attackiert) oder die Gewalt eines Kartätschenfeuers (wenn der Dr. Misaubin auf dem fünften Stich seine Patienten trakiert). Solche explosiven Kühnheiten zeitigen Einschläge von besonderer Wirkung – die satirischen. Lichtenbergs Bildsatiren ziehen ihren Reiz aus dem frappierenden Vergleich oder der metaphorischen Verkupplung des Unvergleichlichen. Die Hogarthsche Buhlerin zieht er bei ihrem unaufhaltsamen Abstieg einmal in die Sphären der Feuerwehr: „Sie scheint hier als die Haupt-Person bei einer kleinen *Lösch-Anstalt* für brennende Herzen vom dritten Rang.“ (III, 758) Und auch die Brandstiftungen, die der Fanatiker Sacheverel mit seinen Predigten realiter provoziert, geißelt Lichtenbergs Satire metaphorisch durch Feuer- und Feuerwehr-Elemente: „War denn, wird vielleicht mancher Leser mit mir fragen, keine Feuerspritze in der Nähe, um auf den Mund, auf welchem dieser Schwefel glühte, einen armsdicken Wasser-Strahl hinzuleiten, und den Kopf mit einer Wasser-Glorie zu weihen?“ (III, 768) Aus dem Miniatur-Konterfei des Predigers bei Hogarth erzeugt Lichtenberg ein großflächiges Historienbild, aus dem Historienbild wiederum metaphorische Miniaturen, Wortspiele, Kontraste, aus einem Feuer ein Feuerwerk der Rhetorik: So innig verbinden sich bei ihm historisch-empirischer Sinn und schweiflustige, variationsreiche Phantasie.

Im epischen Raum einer Lebensbeschreibung entfalten und verzweigen sich die Stilelemente der Aphorismen ungezwungen. Sie beleben, schmücken und erweitern die verschiedensten literarischen Genres – den Kunstkommentar im engeren Sinn, das Porträt, die Situationsschilderung, die dramatische Szene, die aus- und abschweifende Reflexion. So unterhält Lichtenbergs „ausführliche Erklärung“ des Hogarthschen „Wegs der Buhlerin“ eine hintergründige Beziehung zum Roman seiner Zeit, von dem Herder sagte, er sei „der verschiedensten Bearbeitungen fähig“: „denn er enthält oder kann enthalten nicht etwa nur Geschichte und Geographie, Philosophie und die Theorie fast aller Künste, sondern auch die Poesie aller Gattungen und Arten – in Prose.«[10]

V. Zeitkritik und Selbsterfahrung

Hypertrophie der Vernunft und Empfindsamkeit

Lichtenbergs „Kenntnis der Welt und der Menschen“ begründet auch die Kenntnis seiner selbst. Dieses in seiner Aphoristik mehrfach skizzierte Wechselverhältnis[1] entfalten seine Essays und Satiren in epischen Variationen. Weltkenntnis schließt die Kritik der eigenen Zeit ein – und im Medium der Zeitkritik festigt sich Lichtenbergs Selbstverständnis. Er grenzt es vor allem gegen eine doppelte Zeittendenz ab: die Hypertrophie der Vernunft und Empfindsamkeit. ‚Wahre' Aufklärung beabsichtigt die Vermittlung beider Erkenntnis- und Erfahrungskräfte – das ist die Intention Wielands und Lessings, Herders und Lichtenbergs.[2] Erst diese Vermittlung kann den einen wie den anderen Pol vor Verselbständigung und Vereinseitigung schützen. Dessen wird sich Lichtenberg dank seiner ‚Weltkenntnis' zusehends bewußt. Sein Londoner Brief vom 10. Januar 1775 rückt erst die ‚Hauptstadt der Welt' vor Augen, ehe er in einem Postskriptum die Provinzialität derer verspottet, die „glauben, *sie berührten mit erhabenem Nacken die Sterne*“[3], obgleich sie nichts weiter zuwege bringen als „das ewige rauschen im Hayn, das Silbergewölk und die Eiche, die wir schon hunderttausendmal gehabt haben, und dieses glauben sie neu zu machen, wenn sie es mit dicker Gurgel wie vom Dreyfuß geheimnißvoll herunter lallten“. Zielscheibe des Lichtenbergschen Spotts sind Empfindsame wie etwa der Göttinger Hainbund. Die Wiederholung des ewig Gleichen mit mystifizierender Gebärde mußte den hochempfindlichen Nerv des sprachkritischen Neuerers Lichtenberg treffen. *Seine* Empfindsamkeit sieht mit geschärftem Blick, was thematisch nicht mehr darstellenswert ist und sprachlich seine ursprüngliche Ausdruckskraft eingebüßt hat; so löst seine zeitgeschichtliche Kritik die Programmatik seiner Aphorismen ein.[4] Keineswegs ist diese Kritik pauschal, wie man suggeriert hat.[5] Im erwähnten Postskriptum unterscheidet Lichtenberg klar zwischen Hölty, den die Literaturgeschichte bis heute überliefert hat, und dem Mittelmaß des Göttinger Hainbunds oder sonstiger Empfindsamer.[6] Wenn er fast im selben Atemzug Klopstock verwirft, so deshalb, weil dieser einer ‚empfindelnden' jungen Generation als Ahnherr dient; Lichtenbergs Verspottung der Jünger dehnt sich auf das Vorbild aus – eine für ihn charakteristische Ungerechtigkeit. Sie wiegt nicht schwer angesichts der welthaltigen Empfindsamkeit, die Lichtenberg selbst in seinem Brief zeigt, nicht eitel selbstbezüglich, sondern der Sache selbstvergessen hingegeben. Lichtenberg durchdringt Londons Straßen, Londons Theater mit der ganzen Empfindungskraft seines Gesichts- und Gehörsinns. Und er gibt zuvor Proben einer „romantischen" und einer zeittypischen zwischenmenschlichen Empfindsamkeit: einer romantischen im Geiste der „Melancholie" inmitten des Parks von Kew, einer zwischenmenschlichen beim Eingedenken der fernen deutschen Freunde.[7] Von letzterer zeugt auch der schöne Passus in einem Brief an Ernst Gottfried Baldinger (am 8. Oktober 1774): „Am 6ten October Morgens um 7 Uhr habe ich die Spitze von St. Pauls-Kirche erklettert und Ihrer Frauliebsten und Ihre Gesundheit getruncken. Ich habe alle meine Freunde, die mir beyfielen, mit dem Glas in der Hand laut genannt, auf der Zinne des zwoten Tempels in der Welt über einer Cupel von 420 Fuß im Umfang und 350 Fuß über die höchste Häußer des unermeßlichen London erhaben, und unter mir die Themse mit ihren drey Brücken, davon die oberste über 2 Millionen Thaler gekostet hat, Schiffe, Menschen, Kutschen und Häußer unzählbar. Stellen Sie sich Ihren Freund vor, dem der Himmel allerley versagt hat, worunter aber, ihm sey es tausendmal gedanckt, ein lebhafftes Gefühl nicht mit ist, wie er da oben herunter sieht, und Sie werden ihn wenigstens in diesem Augenblick als glücklich preißen müssen."

Vom zeittypischen Freundschaftskult unterscheidet sich Lichtenbergs Eingedenken darin, daß es nicht die Poesie des stillen Winkels, sondern Weltluft atmet. Und daß es Innigkeit nicht mit Überschwenglichkeit, sondern mit aufklärender

Nüchternheit paart. Die Höhe des panoramatischen Standorts und den Kostenpunkt der Themsebrücke teilt Lichtenberg präzise mit; sie verleihen dem Freundschaftsempfinden eine topographische und eine materiale Realität. Solche Objektivität gewinnt die Lichtenbergsche Empfindsamkeit auch anderswo. Sie öffnet sich dem Großstadt-Phänomen London vorbehaltlos und weitet sich zum Resonanzboden objektiver Verhältnisse: des Warenglanzes und Warenverkehrs, der Sinnlichkeit des Reichtums, der Explosivität des öffentlichen Lebens, der Vermarktung von Sexualität, der sozialen Klassendifferenzen. Lichtenbergs Begriff der „Beobachtung" meint Wahrnehmung mit allen Fasern und Fibern der Empfindsamkeit; das mit naturwissenschaftlicher Unbestechlichkeit blickende Auge schlägt seinen Sitz in allen Erkenntnisorganen und Erkenntniszonen auf: Hellsicht verschränkt sich mit Hellhörigkeit, Fingerspitzengefühl mit Scharfsinn, Stilbewußtsein mit Intuition, Ahnung mit Unterscheidungskraft. So repräsentiert Lichtenbergs Sensibilität eine Vielheit von Sinnes- und Erkenntnisorganen. Sie bekundet sich idealtypisch bei seiner Begegnung mit der englischen Schauspielkunst. Schauend und hörend, miterlebend und nachdenkend, Bühnengeschehen und Erfahrung des Lebens aneinander spiegelnd, entäußert sich Lichtenberg an das theatralische Geschehen mit seiner ganzen Empfindsamkeit. Einen Auftritt des berühmten Macklin in der Rolle Shylocks hält er in unvergeßlichen Prägungen fest: „Die ersten Worte, die er sagt, wenn er auftritt, sind langsam und bedeutend! Three thousand Ducats. Das doppelte th und das zweimalige s, zumal das letzte nach dem t, das Macklin so leckerhaft lispelt, als schmeckte er die Dukaten, und alles, was man dafür kaufen kann, auf einmal, geben dem Mann, gleich beim Eintritt, einen Kredit, der nicht mehr zu verderben ist. Drei solcher Worte so, und an der Stelle gesprochen, zeichnen einen ganzen Charakter." (III, 366f.) Lichtenbergs Empfindsamkeit, sprach- und kunstbewußt, ergeht sich in einer realitätskundigen Phantasie; sie lauscht einem Phonem und einem Lispeln die Verführungskraft des Geldes und einen ganzen Charakter ab: so kräftigt sie sein „Wachstum in der Kenntnis des Menschen" und der „Kenntnis der Welt" (III, 333). Gegen diese erkenntnisfördernde, weltoffene Sensibilität wiegt jene provinzielle Empfindsamkeit, die „ein paar so genannte Heimlichkeiten der menschlichen Natur" (III, 336) ausplaudert, herzlich wenig.

Einer der Kristallisationspunkte der weltverlorenen, heftig grassierenden Empfindsamkeit ist das damalige „Wertherfieber". Lichtenberg attackiert es in einem seiner Londoner Briefe (1. Mai 1775) mit satirischer Verve. Der Selbstmord Werthers beginnt Schule zu machen in einer literaturbeflissenen Jugend und weckt Lichtenbergs nahrungskräftige Einrede: „Ich glaube, der Geruch eines Pfannkuchens ist ein stärckerer Bewegungs Grund, in der Welt zu bleiben, als alle die mächtig gemeinten Schlüsse des jungen Werthers sind aus derselben zu gehen." Ebensowenig wie die „mächtig gemeinten" Selbstmordmotive Werthers kümmern Lichtenberg Goethes erzählerische Distanzierungen und ironischen Einwürfe: ‚Die Leiden des jungen Werthers' von 1774 gewinnen als literarisches Werk für ihn keine Bedeutung. Und auch als Epochenphänomen schöpft er sie keineswegs aus. Werthers Seelen- und Bewußtseinsprozesse als gesellschaftlichen Protest aufzufassen, liegt ihm fern; ihn frappiert das Manifest einer hypertrophen Empfindsamkeit, die im Selbst- und Weltverlust Werthers gipfelt – einem Selbstmord mit bedenklichen Masseneffekten. Was an Ständekritik im Schicksal Werthers zutage tritt, wie der jugendliche Held sich gegen trokkene Vernünftigkeit und zweckrationale Verplanung zur Wehr setzt, wie er in der Natur die Sprache der Poesie entdeckt – all dies blendet Lichtenberg aus angesichts einer ‚Krankheit zum Tode', die zur Mode wird. Mehr als die adäquate Lektüre des einzelnen Werks interessiert ihn dessen Zurichtung zum massenliterarischen Produkt. Das „Wertherfieber" samt seinen vielfältigen Spiegelungen in Kleidung und Sprachgebaren einer jungen Generation, in Glas- und Porzellanmalerei, in Kupferstichen und Schmähschriften ist ein frühes Zeugnis moderner Kulturindustrie. Werthers Naturverbrüderung wird gleichsam zum modischen Design jugendlicher Ekstase. Man gibt sich, wie Lichtenberg konstatiert, als Eingeweihter „in die innersten Mysterien der Natur" (III, 379) und hält das für das „Kriterium von Originalität“ (III, 378); anstelle von Weltkenntnis und Lebenserfahrung demonstrieren die werdenden Genies eine „törigt affektierte Sonderbarkeit“, woraus „die häufigen Vermählungen von warmen Herzen und leeren Köpfen“ entstehen. (III, 379) So Lichtenberg im „Vorschlag für ein Orbis pictus“.[8] Den „warmen Herzen“ wirft er darüber hinaus Unsinnlichkeit vor. Ihnen fehle die Verbindung zum ‚Souterrain‘ des Körpers – der Triebwelt. In dieser Hinsicht ist Lichtenberg, getreu seiner Aphoristik, leibbewußter Materialist.[9] Am Sturm und Drang mißfällt ihm, daß seine empfindsamen jungen Männer die Liebesleidenschaft nur im Herzen hegen und dort überhitzen, anstatt ihnen im besagten *Souterrain* Kühlung zu verschaffen. Letzteres scheint den niederen Schichten vorbehalten, die sich eben deshalb die Triebpanzerung der Gebildeten erlassen können. „Die Klasse des Pöbels enthält die Originale zu unsern Versteinerungen der höhern Welt“ (III, 383), um es mit der prägnanten Sentenz aus dem „Orbis pictus“ zu sagen. In einem Aphorismus heißt es: „Ihr, die ihr so empfindsam von der Seele eurer Mädchen sprechen könnt, ich gönne euch diese Freude, glaubt aber ja nicht, daß ihr so was Erhabenes tut oder sagt, oder dünkt euch nicht edler als der Pöbel, der gewiß so gar unrecht nicht hat sich hauptsächlich an den Körper zu halten. Was doch ein junger Rezensionen-Leser für eine Idee von einem so feinen Sentiment hat! Der Bauernknecht schielt nach dem Unterrock-Schlitz und sucht den Himmel dort, den du in den Augen suchst. Wer hat recht? Ich wäge keine Gründe in dieser Frage und noch viel weniger entscheide ich sie (...).“ (C 23) Lichtenberg hat „in dieser Frage“ dennoch einmal „Gründe“ gewogen und ‚entschieden‘: falls nämlich der „Himmel“, den ein Liebender in Mädchenaugen sucht, mit Wolken verhangen ist. Im Falle unerwiderter Liebe also, genauer gesagt: wenn die unerwiderte Liebe zur unwiderstehlichen wird. ‚Über die Macht der Liebe‘ heißt der ironisch funkelnde Traktat, den Lichtenberg diesem Phänomen gewidmet hat. Von ihm nehmen ja Werthers „Leiden“ ihren Ausgang, und an ihm entzünden jüngere Zeitgenossen die Metaphysik ihrer Leidenschaften: „Die Frage: Ist die Macht der Liebe *unwiderstehlich,* oder kann der Reiz einer Person so stark auf uns wirken, daß wir dadurch *unvermeidlich* in einen elenden Zustand geraten müssen, aus welchem uns nichts als der ausschließliche Besitz dieser Person zu ziehen im Stande ist? habe ich in meinem Leben unzählige Male bejahen hören von alt und jung, und oft mit aufgeschlagenen Augen und über das Herz gefaltenen Händen, den Zeichen der innersten Überzeugung und der sich auf Diskretion ergebenden Natur." (III, 517) Gegen die Diktatur einer verführerischen Mode bietet Lichtenberg die Reflexionskraft der Vernunft und Erfahrung auf. Könnte der Selbstbetrug im Falle der ‚unwiderstehlichen Liebe' nicht daher rühren, daß ihr wahrer sinnlicher Impuls verleugnet wird: der Geschlechtstrieb? Kleiden die Empfindsamen ihn nicht mit Vorliebe in die Gestalt der „schwärmenden Liebe" (III, 518)? Lichtenberg bringt, wie in seinen Aphorismen[10], die Sprache des Körperbegehrens ins Spiel, die Natursprache des Menschengeschlechts, die man in seiner Epoche so selten frank und frei bekennt; die Anwälte der Empfindsamkeit schämen sich ihrer geradezu.[11] So flüchtet das Triebbegehren von den „Souterrains" des Körpers unbemerkt in die oberen „Stockwerke" und verströmt in Seufzern und Tränenergüssen, was am natürlichen Ort zu ergießen sich nicht ziemte. Das empfindsame „Herz mit einem Hodensack" (F 345), um Lichtenbergs respektlos-geniale Formel zu zitieren – im Wertherianer nimmt es Gestalt an. Lichtenberg ernüchtert diese verschämte, sich selbst täuschende Empfindsamkeit durch die erfahrungsgesättigte, die vom Reichtum und von den Beziehungsformen der Liebe etwas weiß: „(...) die Person lieben, die mich zum einzigen Gesellschafter ausersehen hat, zumal da nach *unsern* Sitten diese Person sich durch tausend andere Dinge an unser Herz fest hängt, und unter den mannichfaltigen Relationen, von Ratgeber, Freund, Handlungskompagnon, Bettkamerade, Spielsache, lustiger Bruder (...) auf uns wirkt, das halte ich sicherlich für keine Schwachheit, sondern für klare, reine Schuldigkeit (...)." (III, 520) Die Liebe als weltflüchtige Passion hat sich eben erst etabliert, da begegnet ihr Lichtenberg mit der körpersprachlichen und dialogischen Liebeskunde. Und er mischt in den Zaubertrank der Passion den Essig der welterfahrenen Vernunft: jener Vernunft, über die vielleicht erst das Mannesalter gebietet – im Unterschied zum hochfliegenden Jünglingsalter, das sich so leidenschaftlich gern in den Äther der reinen Herzensangelegenheiten versteigt: „Allein ein Mädchen sollte im Stande sein, mit ihren Reizen einem Manne seine Ruhe zu rauben, daß kein anderes Vergnügen mehr Geschmack für ihn hätte, und es stehe nicht in seiner Gewalt, sich diesem Zug zu widersetzen, dem Manne, der Armut, Hunger, Verachtung seines Verdienstes ertragen, ja seiner Ehre wegen in den Tod gehen kann? Das glaube ich ewig nicht." (III, 520)

Dem Kult des empfindsamen Herzens setzt Lichtenberg Vernunftgründe und Lebenserfahrung entgegen, die sich selbst bespiegelnde Leidenschaft kontrastiert er mit den „mannichfaltigen Relationen" einer dialogfähigen Liebe. Lichtenbergs Empfindsamkeit ist vernunftbegabt und erfahrungsgesättigt zugleich, leib- und triebbewußt. Der Lebenspraxis benachbart will sie die Schwärmer von ihrer Lebensferne heilen. Diese lebenspraktische Intention ist für Lichtenberg charakteristisch. Dem Experimentalphysiker, der in Göttingen den ersten Blitzableiter einsetzt, dem Herausgeber des ‚Göttinger Taschen Calender', der die Vorteile der Einrichtung eines öffentlichen Seebads darlegt[12], tritt der Psychologe zur Seite, dem an einer Seelentherapie der empfindsamen Jugend gelegen ist. Ihr hat er im ‚Orbis pictus' eine Therapie durch Schreiben zugeordnet: Schreiben mittels „Beobachtungsgeist und Aufmerksamkeit auf sich selbst" (III, 381), mittels „näherer Kenntnis der Welt" (III, 383) und der verschiedenen Stände.[13] Lichtenberg liefert dazu Proben anhand des Standes der Bedienten. Seine Bemerkungen über ihre Mimik und Gestik, ihre Sprache und ihre Kleidung setzen mit ihrer Präzision und ihrem Nuancenreichtum Lichtenbergs Londoner Miniaturporträts fort. Sie verleihen „dem abstrakten Charakter einer gewissen Gattung (...) alle die Bestimmtheit, Individualität und Wärme" (III, 383), die den Schwärmer zur Deutlichkeit des Sehens und zur Bestimmtheit des Ausdrucks erziehen soll: „der junge Schriftsteller (...) würde desto mehr aufmerksam auf sich und andere gemacht, je minder gemeinplatzartig die Bemerkungen an sich wären, und lernte, das, was täglich durch Augen und Ohren in ihn strömt mehr apperzipieren, und erwachte wohl endlich in sich selbst.“ (III, 382) Klarer hätte Lichtenberg die Dialektik von Selbst- und Welterfahrung kaum formulieren können: kraft der hingebungsvollen Aufmerksamkeit auf die von außen einströmenden Eindrücke wird das Subjekt mit sich selbst bekannt. Es ist der Geist der Aphorismen, der Lichtenbergs Feder in diesem Aufsatz führt.[14] Und es entspricht diesem Geist, daß Lichtenberg die *Sprache* zu einem maßgeblichen Medium der Welt- und Selbsterfahrung macht. Nur der überwinde „gewisse Prachtphrases, Mode-Bilder und Mode-Empfindungen“ (III, 377), entkomme der Allianz „von warmen Herzen mit leeren Köpfen“ (III, 379), der fähig sei, „sich und andere zu beobachten und zu kennen, und das Erkannte so bestimmt sagen zu lernen, daß man die Wahrheit, Neuheit und Individualität der Bemerkung auch durch das abgeschliffenste Wort erkennt“ (III, 384).

Den ‚Orbis pictus‘ „zum Nutzen der Welt anzuwenden“ (III, 383), ist das Gebot der praktischen Vernunft Lichtenbergs. Mit welchem Witz und welcher Anschaulichkeit sie operiert, verraten Lichtenbergs eingestreute Späße und kleine Satiren, aber auch die von Chodowiecki beigesteuerten Kupferstiche. Lichtenbergs praktische Vernunft kann auch Kapriolen schlagen und Streiche aushecken, um „Nutzen“ zu stiften. Nirgends hat sie das mit verschlagenerem Witz getan als in seinem ‚Fragment von Schwänzen‘[15], der satirisch-burlesken Dreingabe zur Physiognomik-Schrift. Wenn Lichtenberg hier in Lavaters Manier aus den Schwänzen von Tieren und aus studentischen Zöpfen Charaktere abliest, den trivialen Gegenstand im hohen empfindsamen Ton Lavaters umkreisend und deutend, so gibt er dessen Physiognomik dem Gelächter preis. Das ist der destruktive ‚Nutzen‘ der Lichtenbergschen Parodie. Parodiert wird mit den „Schriften dieses Schwärmers“ auch die Adeptensprache seiner Bewunderer, der „sogenannten webenden Genies in den Wolken“ (Brief vom 17. Oktober 1775 an Schernhagen). Ein Stilzug der Lichtenbergschen Aphoristik drängt sich hier besonders hervor: die mit ‚Witz‘ gepaarte Phantasie.[16] Für die Theoretiker der Empfindsamkeit ist die Phantasie eine Triebkraft seelischer Verfeinerung und Gefährdung zugleich[17] – Lichtenberg dagegen setzt sie als Verbündete des spottenden Witzes ein. Einem der von ihm selbst gezeichneten Schwänze (B) widmet er einen Hymnus, der in die Lavater-Parodie das innige Naturgefühl Werthers und die Kraftäußerungen der Stürmer und Dränger hineinzieht: „Der du mit menschlichen warmen Herzen die ganze Natur umfängst, mit andächtigen Staunen in jedes ihrer Werke hineinfühlst, lieber Leser, teurer Seelenfreund, betrachte diesen Hundeschwanz, und bekenne ob Alexander, wenn er einen Schwanz hätte tragen wollen, sich eines solchen hätte schämen dürfen. (...) überall Mannheit, Drangdruck, hoher erhabener Bug und ruhiges, bedächtliches, kraftherbergendes Hinstarren (...).“ (III, 534) Lichtenbergs phantasievoller ‚Witz‘ assoziiert mit Schwanz (und Zopf) auch Sexuelles, assoziiert die unfeine Materie mit Menschlichem, das Tierische mit Naturekstase und Seelensprache, den erhaben empfindsamen Stil mit dem prosaischen Gegenstand. Solche Disproportion und Asymmetrie – Stilmerkmale auch seiner Aphorismen[18] – ist für Lichtenbergs Durchbrechung der hierarchischen Gattungsordnung charakteristisch. Seine Genre- und Stilmischungen besitzen den Reiz der Grenzüberschreitung: komische Vergleiche und gewagte Wortspiele rücken dem Schicklichen zuleibe, dringen in Tabuzonen ein, lockern die ästhetische und moralische Zensur der Leser – einer der Gründe für den überwältigenden Erfolg des ‚Fragments‘.[19]

Ein anderer Grund dürfte in Lichtenbergs Attacke auf die Hypertrophie der Vernunft zu suchen sein, die Komplizin der überspannten Empfindsamkeit. Gegen beide Epochenphänomene zieht Lichtenberg zeit seines Lebens unnachgiebig und mit ‚Witz‘ zu Felde. Im ‚Fragment von Schwänzen‘ überdreht er den Witz zum Aberwitz: Lavaters Herrschaftswissen löst sich in superfeinen Unsinn auf. Seine arroganten Schlüsse vom Gesicht auf den Charakter parodiert Lichtenberg durch eine absurde Kombination von trivialen Schwanzbildern und preziösen Textkommentaren. Und Lavaters systematische Vernunft beugt er durch Komik. Machte der Schweizer Physiognom ein Verzeichnis von Geistesanlagen und Charaktermerkmalen, so donnert Lichtenberg jedes Schwanzdetail durch übertreibende Metaphorik zum Unding auf, zieht er jeden Zopf in den Strudel abstruser Vergleiche: „du zopfbeglückter Kopf. (...) Wonne lächelnd wie geflochtene Sonnenstrahlen." (III, 537f.) Lavaters Systemlogik wird an der fröhlichen Anarchie von Lichtenbergs Bilderwitz und Wortspielen zuschanden. Der klassifizierenden Ausspähungspolitik des Schweizer Predigers opponiert Lichtenberg durch die tolle Laune seiner Phantasie; dem Deutungsgestus der autoritären Vernunft durch die Freiheit der Spottlust; dem physiognomischen Kalkül durch das Capriccio einer zweckfreien Ästhetik.

Lichtenberg hat seine Kritik einer sich selbst überhebenden Vernunft der Kürzestform des Aphorismus ebenso anvertraut wie der episch angelegten Satire. Vor lauter Systemlogik, das wußte er nur zu gut, kann der Sinn für das Zufällige und Besondere, für Singularität und Pluralität schwinden, in der Gelehrtenzunft der Pädagogen beispielsweise: „Bewahre Gott, daß der Mensch, dessen Lehrmeisterin die ganze Natur ist, ein Wachsklumpen werden soll, worin ein Professor sein erhabnes Bildnis abdruckt." (F 38) Gerade die aufgeklärten Erziehungsanstalten, etwa die berühmte Schnepfenthaler von Christian Gotthilf Salzmann, verraten die Vorliebe für ein lückenloses Erziehungssystem, dem die Individualität der Zöglinge entschieden nachgeordnet wird, allen wohlgemeinten Erziehungszielen zum Trotz.[20] Hier setzt sich ein Grundzug des Zeitalters durch – der Wille, Natur und Welt nach Gesetzmäßigkeiten zu deuten und dem gesellschaftlichen Leben Regeln aufzuprägen. Lichtenberg hat diese rationalistische Gestalt der Vernunft in einem seiner „Unterhaltsamen Aufsätze" satirisch überzeichnet: ‚Von den Kriegs- und Fast-Schulen der Schinesen, nebst einigen anderen Neuigkeiten von daher'. Die Vernunft organisiert hier ein gesellschaftliches System der perfekten Spezialisierung und Uniformierung. Der einzelne Chinese ist mit seinem jeweiligen „Geschäft" total identisch: „So ersparen wir unsern Leuten alles Denken, so wie es die große Weltursache der Biene, dem Biber und der Kreuzspinne erspart." (III, 447) Die Direktiven einer „weisen Regierung" (III, 449) zielen beispielsweise darauf, durch spezielle Schulen die Subjekte zum „Erdulden" von Kriegen und

Hungerperioden zu erziehen, dergestalt, daß ihre Vernunft „nach und nach mit dem Körper unter der Form von Instinkt und Kunsttrieb" gleichsam verschmilzt und „aus dem Menschen höhere Tierarten" (III, 447f.) entstehen – ein Wunschtraum moderner Diktatoren und der Alptraum ihrer restlos überwachten Untertanen! Die negative Dialektik der Aufklärung: die Umbildung einer planvollen Organisation des sozialen Lebens zur manipulierbaren Massengesellschaft hat Lichtenberg bis in ihre extremen Auswüchse verfolgt.

Das ‚aphoristische' Ich

Lichtenbergs kontinuierliche Kritik an Tendenzen seiner Zeit zeigt die Kontinuität seines Selbstbewußtseins an. Seine entschiedenen Abgrenzungen gegen Zeitgeistphänomene sind gleichzeitig Grenzziehungen des eigenen Ichs. Es mag sein, daß er eine epochale Erscheinung wie die hypertrophe Empfindsamkeit als Spiegelung einer Selbstgefährdung angesehen und gerade deshalb so energisch befehdet hat. In der zeitgenössischen Erörterung des Phänomens Empfindsamkeit wurde als negativer Auswuchs vor allen Dingen die Hypochondrie namhaft gemacht – und ausgerechnet sie erlebt Lichtenberg als Schwerkraft der eigenen Existenz: „Meine Hypochondrie ist eigentlich eine Fertigkeit aus jedem Vorfalle des Lebens, er mag Namen haben wie er will, die größtmögliche Quantität Gift zu eigenem Gebrauch auszusaugen." (II, K 23) Der Geist dieses Selbstbekenntnisses ist von der Melancholie eines Werther nicht verschieden, und es ist denkbar, daß Lichtenberg in den Selbstmordfällen einer jüngeren Generation eine eigene, ihm nur zu vertraute Anfechtung verklagt hat, seiner scharfsichtigen Einsicht gemäß: „Ich bin überzeugt, man liebt sich nicht bloß in andern, sondern haßt sich auch in andern." (F 450) Daß jedoch der Schwermütige, der sich im privaten Aphorismus seine ‚Giftsaugerei' eingesteht, diese in seinen öffentlichen Schriften demontiert, weist auf eine vertrackte Ambivalenz hin. Das private, intime Ich muß durchaus nicht mit dem öffentlichen, verantwortungsbewußten identisch sein. Der publizierende Zeitkritiker Lichtenberg versteht sich im Namen seiner praktischen Vernunft als aufklärender Erzieher seiner Leser, der nur für sich selbst schreibende Selbstbeobachter kann als unpraktischer, in sich befangener Melancholiker oder auch als anarchischer Genußmensch hervortreten. Es ist nicht ratsam, das private gegen das öffentliche Ich auszuspielen oder eins für ‚eigentlicher', authentischer zu halten als das andere. Die anhaltende Bevorzugung der Aphorismen birgt die Gefahr, daß *ihr* Autor-Ich das Verfasser-Ich der übrigen Schriften verdunkelt. Lichtenberg verstehen heißt, die Spannung zwischen dem Ich des öffentlichen Diskurses und dem Ich der zum Selbstgebrauch bestimmten ‚Sudelbücher' gegenwärtig zu halten. Ersteres ist auf Kontinuität, letzteres auf Diskontinuität hin angelegt.

Man hat im Blick auf diese Diskontinuität mit gutem Grund gesagt, Lichtenberg „erschreibe" sich in seinen Aphorismen die „Vielfalt des Ich" und den „dissoziierten Menschen".[21] Nicht nur Lichtenbergs Selbstdarstellung als Hypochonder *und* Epikuräer (vgl. Einleitung) macht die modern anmutende „Dissoziation" seiner Person kenntlich. Sie bemächtigt sich auch seines Selbstverständnisses als Aufklärer, zumindest zeitweise: „Einer der merkwürdigsten Züge in meinem Charakter ist gewiß der seltsame Aberglaube, womit ich aus jeder Sache eine Vorbedeutung ziehe und in einem Tage hundert Dinge zum Orakel mache. (...) Jedes Kriechen eines Insekts dient mir zu Antworten über Fragen über mein Schicksal. Ist das nicht sonderbar von einem Professor der Physik? Ist es aber nicht in menschlicher Natur gegründet und nur bei mir monströs geworden (...)?" (J 715) Der Anwalt einer umfassenden und durchdringenden Aufklärung überläßt sich den archaischen Relikten mythischer Selbst- und Schicksalserkundung, geleitet von der Intuition, daß die Beziehung zwischen Selbst und Schicksal von Rätseln umspielt bleibt und auf Unverfügbarkeit fußt. Der Professor der Naturwissenschaften, dem ein Insekt nicht länger ein Objekt der Analyse, sondern ein schicksalskundiges Orakel bedeutet, macht die Scheidung zwischen Subjekt und Natur rückgängig, die mit der Aufklärungsepoche vertieft ward; seine Rede von der „menschlichen Natur" ist mehr als eine Metapher – sie meint die ursprüngliche leiblich-seelische Affinität des Menschen zur äußeren Natur.[22]

Das Mythische – eine Zufluchtsstätte des Aufklärers oder ein Korrektiv der Aufklärung? Lichtenberg findet auch an den reizvollsten Paradoxen nie ein Genüge. Er hat naturwissenschaftliche, auf das Subjekt gerichtete Objektivation auch als Schutz empfunden. Wovor? Vor eben diesem Subjekt als einem an sich selbst interessierten und an ethischen Maßstäben sich messenden Wesen!

„Man ist verloren, wenn man zu *viel* Zeit bekömmt an sich zu denken, vorausgesetzt, daß man sich nicht als ein Objekt der Beobachtung, wie ein Präparat ansieht, sondern immer als alles was man jetzt ist. Man wird so viel Trauriges gewahr, daß über dem Anblick alle Lust verfliegt, es zu ordnen oder zusammen zu halten." (J 704)

Der Erkennende kann sich gelassen zum Objekt naturwissenschaftlicher Beobachtung machen und an sich das Seziermesser der Selbstanalyse legen – er kann sich aber auch als problematisches Subjekt vor den Richterstuhl der ethischen Selbstverantwortung zitieren. So selbstverständlich operiert Lichtenberg mit der Zweiteilung seiner eigenen Person. Die Sprache, die es dem Trauernden verschlägt angesichts eines ethischen Versagens, die Sprache des ‚Ordnens' und ‚Zusammenhaltens' – sie geht ihm auch andernorts aus: „Ehemals zeichnete mein Kopf (mein Gehirn) alles auf, was ich hörte und sah; jetzt schreibt er nicht mehr auf, sondern überläßt es *mir.* Wer ist dieser *Ich?* bin ich und der Schreiber nicht einerlei?" (II, K 38) Dem Selbstverlust des Schreibers folgt der Auftritt eines unbekannten Ichs – die Zweiteilungen der Person drohen in unerklärlicher Gespaltenheit zu erstarren.

Voreilig wäre es, Lichtenbergs Selbstzerklüftungen zur Signatur seiner *„Existenz-Reflexion"* zu erheben, wie man sein aphoristisches Nachdenken treffend genannt hat.[23] Seine fröhliche Anarchie beispielsweise, an die hier eingangs erinnert wurde, redet eine andere Sprache.[24] Schwerlich dürfte ein Selbstbekenntnis Lichtenbergs zu finden sein, das nicht von einem gegenteiligen relativiert würde. Der Widerspruch ist ein Motor seiner

Selbsterfahrung. So kann sich die Trauer des Moralisten zur Selbstironie des Lebenskünstlers wandeln: „Bei aller meiner Bequemlichkeit bin ich immer in Kenntnis meiner selbst gewachsen, ohne die Kraft zu haben mich zu bessern, ja ich habe mich öfters für alle meine Indolenz dadurch entschädigt gehalten, daß ich dieses einsah, und das Vergnügen, das mir die genaue Bemerkung eines Fehlers an mir machte, war oft größer, als der Verdruß, den der Fehler selbst bei mir erweckte. *So sehr viel mehr galt bei mir der Professor, als der Mensch.* Der Himmel führt seine Heiligen wunderlich." (J 958)

Die Kluft zwischen Erkenntnis und Ethik, Wissenschaft und Moral, Theorie und Praxis könnte nicht unverblümter ausgesprochen werden. Sie zerteilt die Person, die sich als Einheit versteht, mehr noch: sie zerteilt ein Herzstück der Aufklärung, die zu ihrem zentralen Anliegen die Versöhnung der genannten Pole erklärt. Sich selbst durchschauend, erblickt der radikale Aufklärer in der eigenen Person die Ohnmacht eines aufklärerischen Anspruchs. Und doch verzweifelt er keineswegs an sich selbst. Mit lässiger Selbstverspottung besichtigt er die Dissoziation seiner Person: den Widerspruch zwischen Erkenntnis und Praxis. Die zwie- und mehrspältige Identitätssuche der Moderne war Lichtenberg durchaus schon vertraut, ihrem schauerlichen Ernst hingegen hat er sich nicht durchweg überlassen. Er konnte sich an seiner realen ‚Indolenz' schadlos halten durch seine unbestechliche Fehleranalyse und durch den Genuß dieser Unbestechlichkeit. Es ist die Souveränität des Wissenschaftlers und Ästheten, die sich hier, frei vom Druck des Über-Ichs, bekundet: die Lebenskunst dessen, der sich seiner Unzulänglichkeit zu sehr bewußt ist, als sich von ihr moralisch knechten zu lassen.

Die Fülle widerspruchsvoller Selbstaussagen und Weltbetrachtungen gründet bei Lichtenberg auf der *Situation* des aphoristischen Schreibens. Seine Sätze sind Eingebungen des Augenblicks und Resultate spontanen Nachdenkens: Momentaufnahmen seiner Geistes- und Seelenlandschaft, Bruchstücke eines inneren Monologs, abgerissene Dialoge mit Zeit und Gesellschaft. Seine Notate bilden den Wandel eines Ich und dessen Vielgestaltigkeit in Ausschnitten, nicht in kontinuierlicher Spiegelung nach, die Geschichte seines Bewußtseins gelangt nicht planvoll, sondern sprunghaft und fragmentarisch zum Ausdruck; keine erzählerische Instanz vermittelt die Zäsuren und Brüche in dieser Bewußtseinsgeschichte miteinander, keine macht auf die Ungereimtheiten des Subjekts einen Reim, keine bildet zu seinen Diskordanzen eine Konkordanz: eben deshalb erscheinen sie wie aus dem Leben gegriffen, spiegeln sie die Naturlaute des Ichs, fern von erzählerischer Stilisierung, wider, geben sie die ‚Sprünge und Würfe' des Denkens unverstellt preis ohne eine ordnende und verbindende Kunstperspektive, machen sie eine allgemeine, aber geglättete Selbsterfahrung unbegradigt namhaft: die der Diskontinuität und Heterogenität unserer inneren Geschichte. Daher die von den Aphorismen wieder und wieder ausgehende Provokation; es ist, als würden sie einen auf frischer Tat ertappen, eine vermummte Lebenssituation dingfest machen, eine verschämte Heimlichkeit ans Licht bringen. Sie stellen das lesende Subjekt auf der Flucht in die Rationalisierung seines verwirrend vielgestaltigen und disparaten Innenlebens, stellen es kraft einer Eigenschaft, die ihnen Kontinuität und ihrem Autor Identität verleiht: seiner *unzensierten Wahrhaftigkeit.*

Ihrer ist sich Lichtenberg bewußt – und der daraus entspringenden Differenz zu seinen Lesern ebenso: „Ich habe schon lange an einer Geschichte meines Geistes so wohl als elenden Körpers geschrieben, und das mit einer Aufrichtigkeit, die vielleicht manchem eine Art von Mitscham erwecken (wird), sie soll mit größerer Aufrichtigkeit erzählt (werden), als vielleicht irgend einer meiner Leser glauben wird." (F 811) Ein Unterschied zwischen der Selbstbetrachtung Lichtenbergs und der seiner Leser besteht darin, daß wir unsere Schwächen mit verschämter Rücksicht zu behandeln pflegen; Lichtenberg schämt sich auch seiner verstecktesten Empfindlichkeiten nicht und fördert sie mit feinster Sonde zutage: „Ich gehe oft, wenn ein Bekannter vorbeigeht, vom Fenster weg, nicht sowohl um ihm die Mühe einer Verbeugung als vielmehr mir die Verlegenheit zu ersparen zu sehen, daß er mir keine macht." (F 1179) Die Radikalität der Lichtenbergschen Selbstbesichtigung macht vor den ‚heiligsten'

Gefühlen nicht halt; was etwa die Religion als Elternliebe sanktioniert hat, löst sich unter seinem psychologischen Blick auf, der die Durchdringungskraft eines La Rochefoucauld besitzt und die Genauigkeit eines Nietzsche vorwegnimmt – zwei Diagnostiker des edel verbrämten ‚amour propre': „Man liebt weder Vater, noch Mutter, noch Frau, noch Kind, sondern die angenehmen Empfindungen, die sie uns machen; es schmeichelt immer etwas unserem Stolze und unserer Eigenliebe." (II, H 151) Erst aus der desillusionierten Einsicht in die eigene Schwäche, Eigenliebe beispielsweise, könnte eine neue soziale Stärke, verstehende Liebe hervorgehen; sie wäre Lichtenberg zufolge eine den Mitmenschen erwiesene Humanität, die aus Erkenntnis eigener Unzulänglichkeit erwächst: „So lange wir nicht unser Leben so beschreiben, alle Schwachheiten aufzeichnen, von denen des Ehrgeizes bis zum gemeinsten Laster, so werden wir nie einander lieben lernen. Hiervon hoffe ich eine gänzliche Gleichheit. Je härter es wider den Strich geht, desto getreuer muß man gegen sich selbst sein. Dieses scheint unsern Zeiten aufbehalten zu sein." (II, G 83)

Lichtenberg hat sich seine Hoffnung auf „gänzliche Gleichheit" durch psychologische Selbstaufklärung nicht erhalten – das hätte kaum seinem Widerspruchsgeist entsprochen, den er auch gegen sich selbst mobilisiert hat. Der Widerspruch kam von der ernüchternden Erfahrung des Lebens: „Man spricht viel von Aufklärung, und wünscht mehr Licht. Mein Gott was hilft aber alles Licht, wenn die Leute entweder keine Augen haben, oder die, die sie haben, vorsätzlich verschließen?" (L 472)

Der Aufklärer Lichtenberg, der die Menschen „aller Stände" in „richtigen Begriffen von unsern wesentlichen Bedürfnissen" (J 246) unterweisen wollte, war ein viel zu wacher Realist, als daß er sich die Schwerkraft des Konformismus hätte verbergen können: „Gegen den großen und starken Körper selbst eines Dummkopfs, wird immer der kleine des größesten Geists, und sonach der große Geist selbst verächtlich erscheinen, wenigstens für den größesten Teil der Welt, und das so lange Menschen Menschen sind. Den großen Geist im kleinen Körper vorzuziehn ist Überlegung, und zu *der* erheben sich die wenigsten Menschen. Bei einem Viehmarkt sind immer die Augen auf den größesten und fettesten Ochsen gerichtet." (L 37) Die Drastik des Schlußbilds verrät Lichtenbergs Aufklärungsskepsis; ihre Unverblümtheit läßt durchblicken, daß der passionierte Aufklärer sich über seinen Wirkungsgrad nicht im geringsten täuschen will. Darin bleibt er, wie angekündigt, „getreu" (II, G 83) gegen sich selbst. Diese unbedingte Wahrhaftigkeit ist die archimedische Mitte seiner Aphoristik, ihre vitale Signatur. Sie macht Lichtenberg unnachsichtig gegen das Vorurteil des „größesten Teils der Welt" wie auch gegen die Finessen eines kleineren elitären: jener „Superklugen", die „über alles Reflexionen anzustellen" (D 445) wissen. Lichtenberg versteht darunter den wendigen und mehrfach gewendeten Kulturmarkt-Adel: die in allen Sätteln gerechten Feuilletonisten, die allerorten mit einem „künstlichen Einfall" brillieren – „denn das Schwere, weit Hergeholte schmeichelt dem Stolze" mehr als das „Natürliche" (D 445); ferner die Stilakrobaten, die „mehr sagen wollen als sie wissen", deren „Schreib-Art (...) deswegen der Menge gefällt, weil sie ihr glauben macht sie verstünde Dinge, von denen sie kein Wort weiß" (F 754); schließlich „der superfeine erkünstelte Menschenkenner, der in jeder Handlung eines Mannes, wie Engel in einer Monade, sein ganzes Leben sich abspiegeln sieht, und sehen will" (E 196); es handelt sich um das distinguierte Geschlecht der Geistesvirtuosen, das dem Kulturbetrieb mit dem Gestus der Superiorität die neueste Mode, den nächsten Paradigmenwechsel, den dernier cri ansagt und mit leisem Selbstapplaus in jedem Detail das große Ganze nachweist. Lichtenbergs anhaltender Affekt gegen diese marktkonforme Avantgarde entstammt seiner nüchternen Wahrheitsliebe; sie gebietet ihm, das „schmeichelhafte Gefühl eigner Superiorität" (vgl. J 910) mitsamt den entsprechenden Stilfinessen preiszugeben.

Radikal aufrichtige Selbstkenntnis ist für Lichtenberg die conditio sine qua non aller Arten von Erkenntnis, namentlich der Menschenkenntnis: „Wer sich selbst recht kennt, kann sehr bald alle anderen Menschen kennen lernen. Es ist alles Zurückstrahlung." (II, G 18) Auch bei dieser ‚goldenen Regel' hat sich Lichtenberg nicht beruhigt – die Selbsterfahrung diktierte ihm einen grundsätzlichen Vorbehalt in die Feder: „Nichts ist unergründlicher als das System von Triebfedern unsrer Handlungen.“ (F 348) Daß einer, der sich selbst auf den Grund zu kommen sucht, gerade deshalb im Unergründlichen anlangt, ist das Paradox, dem sich Lichtenberg stellt. Aufklärerische Erkenntniszuversicht ist nur ein vorübergehendes Stadium in seinem Erkenntnisprozeß; gelegentlich scheint ihm ausgerechnet das Selbst dem Erkennen am unzugänglichsten: „wie schwer ist da alles und wie verwickelt! Es scheint fast, wir sollen bloß würken ohne uns selbst zum Gegenstand der Beobachtung zu machen“. (J 939) Die Wahrheitsliebe stößt auf die Selbsttäuschungen im Prozeß des Sich-Erinnerns (L 390) und auf die Eitelkeit des Erkennenden, der die vermeintliche Subtilität einmal gefaßter Einsichten keiner Überprüfung aussetzen möchte (J 1160). Lichtenbergs Zweifel ist unnachgiebig. Er, der erfahrungsgesättigte Beobachter, sieht sich von der Erfahrung immer wieder im Stich gelassen: „Was hilft alles Schließen aus Erfahrung? ich leugne nicht, daß es zuweilen eintrifft. Aber fehlt es nicht auch eben so oft? (...) Glücksspiel.“ (F 947) Die verläßlichste Kategorie der reifen Aufklärung, die Erfahrung, wird zum Moment eines Glücksspiels! Lichtenberg sprengt alle Sicherungen des Folgerns und Schließens – nicht, um im Erkenntnisverzicht zu enden, sondern um der Wahrheit die Ehre zu geben. Die ihm bekannten „Menschenkenner“ und „Weltweisen“ (F 1089) haben sie gründlich verfehlt – ihm, Lichtenberg, kommt es darauf an, auch den Irrtum der Wahrheit dienstbar zu machen: sofern das den Menschen dienlich ist. Auch davon ist Lichtenberg nicht durchweg überzeugt. Zur unstillbaren Dynamik seines Erkennens gehört, daß er sogar die Wahrheitsfindung als entbehrlich bezeichnen kann. Eine der respektlosesten Infragestellungen des Idealismus der Aufklärung! Die „falsche Hypothese“ von „der Freiheit des Menschen“ sei der richtigen vorzuziehen, „da sie so sehr den Schein für sich hat“ und die Menschen weniger „irre führt“ (J 278) als die richtige Hypothese. Selbst den Begriff Wahrheit setzt Lichtenberg einem prinzipiellen Zweifel aus. Impliziert er nicht Objektivität? Intersubjektive Übereinkunft? Und sind die Subjekte nicht ihre entschiedenen Gegenspieler? „Wir sehen, ein jeder, nicht bloß einen andern Regenbogen, sondern ein jeder einen andern Gegenstand und jeder einen andern Satz als der andere." (F 760) Freilich, nicht einmal die Gegenstände sind uns als Faktum verbürgt. Kants Zweifel an ihrem objektiven Sein aufgreifend, notiert Lichtenberg: „Aber was wir wahrnehmen sind nicht die Dinge selbst, das Auge schafft das Licht und das Ohr die Töne. Sie sind außer uns nichts." (J 1168) Der unbefangene, in die Welt der Gegenstände versunkene Beobachter Londons erklärt: „Wir können von nichts in der Welt etwas eigentlich erkennen, als uns selbst, und die Veränderungen, die in uns vorgehen." (II, H 151) Man kann solche Auskünfte Lichtenbergs so wenig zu seinen definitiven Ansichten erheben wie jene anderen, die auf intersubjektive Übereinkunft und allgemein verbindliche Erkenntnis setzen: „Weil ich aber dennoch eine gewisse Selbstbeobachtung über mich ausgeübt habe, so kann ich vielleicht in der kurzen Zeit, die ich noch zu leben habe, dadurch nützlich werden, daß ich lebhaft und mit Kraft andern sage, was sie *nicht* tun müssen." (II, K 28)

Es wäre vermessen, die zitierten Aphorismen Lichtenbergs gegeneinander abzuwägen und den Grad ihrer Verbindlichkeit zu bestimmen oder sie gar gegeneinander auszuspielen. Das hieße, die Bewegung seines Denkens stillzustellen, das die widersprüchlichen Phasen durchläuft, aber in jeder mit einem Höchstmaß an Wahrhaftigkeit präsent ist. Zumindest dies, so unsere These, stiftet die Kontinuität seines Denkens und die Identität des Autor-Ichs. Lichtenberg überliefert nicht die Geschichte seines Bewußtseins, sondern dessen momentane Impulse und ‚Pulsschläge', nicht die Geschichte seiner Seele, sondern ihre ‚Naturlaute', nicht die Sicherungen des Denkens, sondern seine Möglichkeiten. Die Treue zu seinem Ich beruht darin, daß er mit hochgradiger Bewußtheit Brüche und Schwächen, Gedankensplitter und Gefühlsregungen festhält, die seine Leser einzuäschern pflegen, daß er ohne Pietät und Schonung namhaft macht, was ihnen ins Halb- oder Unbewußte abgeglitten ist. Nirgends tritt diese unzensierte Selbstdarstellung bedrängender hervor als in den Aphorismen, die das Altern und den Tod umkreisen. Stellt man sie nebeneinander, so fügen sie sich zu einem Lebensepilog von bestürzender Ratlosigkeit: „Ich sehe das Grab auf meinen Wangen. den 16. April 1777" (F 488). So lautet die Quintessenz des schmerzenden Rätsels, das peinlich genau wiederbelebt wird mit schmerzenden Hinweisen auf den Verfall des Körpers, des Gedächtnisses, der Ideenzeugung: „Wenn ich ehedem in meinem Kopfe nach Gedanken oder Einfällen fischte, so fing ich immer etwas; jetzt kommen die Fische nicht mehr so. Sie fangen an sich auf dem Grunde zu versteinern, und ich muß sie heraushauen." (II, K 33) Die Klage über den Verfall der Gedanken und Einfälle ist von erfinderischer Einfallskraft; ihre Metaphorik leugnet die Altersschwäche der Phantasie. Der souveräne Witz des Bildes pariert die Trauer des Alternden – und verleiht dem melancholischen Aphorismus seine Anziehungskraft. Er verführt den Leser gleichsam ästhetisch zum Innehalten auf der Flucht vor Alter und Tod. Durch erfinderische Ästhetik den Leser zur Selbstentdeckung zu provozieren bzw. ihm die Provokation durch Ästhetik erträglich zu machen, ist eines der Kennzeichen Lichtenbergscher Aphoristik.

Politisches

Wenn hier das private Ich der Aphorismen Lichtenbergs vom ‚öffentlichen' der anderen Schriften unterschieden wurde, so sind damit wechselnde Schreibsituationen gemeint, nicht etwa entgegengesetzte Identitäten. Auch das private Ich hat an dem zeitkritischen Dialog teil, den das öffentliche mit Welt und Gesellschaft führt. Dieser Dialog erstreckt sich zeitweise auf das Feld der Politik, worauf wir an früherer Stelle sporadisch hingewiesen haben.[25] Lichtenbergs Aphorismen lassen es hier an drastischer Kritik nicht fehlen. So ungeschminkt er seine Selbstbeobachtungen mitteilt, so kompromißlos urteilt er über Zustände der absolutistischen Kleinstaaten Deutschlands: „Er speiste so herrlich, daß 100 Menschen ihr: *täglich Brod gib uns heut* davon hätte erfüllt werden können." (C 205) Von ebenso entwaffnender Prägnanz ist die Logik der Gleichberechtigung: „Ist es nicht sonderbar, daß man zu den höchsten Ehrenstellen in der Welt

(König) ohne Examen gelangt, das man von jedem Stadt-Physikus fordert?“ (L 261) So redet die Stimme der praktischen Vernunft. Ihr erteilt Lichtenberg das Wort, um die Vernunft des herrschenden Systems bloßzustellen.[26] In seinen Diensten stehen Fürstendiener, die mit allen Schlichen der Logik soziale Unterdrückung rechtfertigen, also „Frondienste“ und „Bauerschinden“ zu „metaphysischen Spitzfündigkeiten“ verdrehen, „Schweiß und Blut und Träne“ der Geknechteten als pure „Syllogismen“ beschwatzen oder die kümmerlichen Reste bäuerlichen Eigentums zu „Sophisma“ (E 131), Hirngespinsten, herunterreden. Lichtenberg läßt mit verdeckter Ironie die zynische Vernunft sich selbst entlarven: so klärt er über die politische Gegenaufklärung auf. An den Lobreden der Zeitungen über die „Ehre der Kronen“ entzündet sich die kritische Verve seiner praktischen Vernunft: „Worin eigentlich“, so fragt er, besteht „die wahre Ehre der Kronen?“ „Darin, daß ihre Untertanen bei einem mäßigen Auskommen und bei geraden Gliedern glücklich sind, oder darin daß man Hunderttausende schlachten oder zu Krüppeln schießen läßt, um ein paar Krämer zu bereichern und von dem Abfall dieses Überflusses Edelsteine für die Krone zu kaufen?“ (L 101)

Aus leidenschaftlichen Einreden dieser Art auf eine radikale politische Mentalität zu schließen, wäre voreilig. Im Kurfürstentum Hannover, das den englischen König Georg III. zum Regenten hatte, herrschte ein abgemilderter kleinstaatlicher Absolutismus; er ließ Raum für die freie Lehre und Kommunikation der Göttinger Gelehrtenzunft und forderte eine systemkritische Radikalität nicht unbedingt heraus. Noch weniger tat dies die konstitutionelle Monarchie Englands, die Lichtenberg in den siebziger Jahren kennen und schätzen lernte. Parlamentarische Kontrolle der Gesetzgebung, eine liberale Opposition, unabhängige politische Richtungen, eine ungleich größere Freiheit der Bürger als in Deutschland[27] – Lichtenberg sah in England politische Idealvorstellungen verwirklicht. Er verband sie eng mit der Person Georg III. und der englischen Königsfamilie, deren Gast er während seines Londoner Aufenthalts mehrfach gewesen ist. Die Briefstellen, die von seinen Zusammenkünften mit ihr berichten, verraten seine persönliche Hochschätzung vom ‚Menschen im König' und in der Königin. ‚Ein Familiengemälde aus königlichem Hause' – mit diesem Untertitel von Schillers ‚Don Carlos' könnte man seine Berichte über die Besuche bei der Königsfamilie versehen. Lichtenbergs politischer Respekt vor der konstitutionellen Monarchie erwärmte sich durch die persönliche Sympathie für deren oberste Repräsentanten. Auch die Wertschätzung, die er seinem Hausherrn in London, Lord Boston, entgegenbrachte, festigte seine Loyalität gegenüber dem englischen ‚System'. Sie wurde für ihn ein unverletzliches Gebot. Freunden die Treue zu halten war ihm gleichbedeutend mit der Treue zu sich selbst. Schon deshalb fanden Manifestationen des politischen Radikalismus bei ihm kaum Anklang: sei dies der Unabhängigkeitskampf, den die amerikanischen Kolonien gegen das englische Mutterland führten, sei dies die wagemutige Konfrontation des Londoner Lord Mayor Wilkes, eines Vorkämpfers demokratischer Politik, mit der englischen Regierung. So wird die schwankende Haltung Lichtenbergs gegenüber der Französischen Revolution von seinen England-Erfahrungen her verständlich. Sie erklärt sich allerdings auch aus seinen Erfahrungen mit deutschen Verhältnissen. Deren Prägung durch eine jahrhundertealte Kleinstaaterei und Untertanenmentalität von provinziellem Zuschnitt war unverkennbar. Darin hinreichende Voraussetzungen für die Entfachung eines revolutionären Geistes zu sehen, war Lichtenberg nicht politischer Schwärmer genug. Und er war nicht „affektiert", „pathetisch" genug, um „in Gedanken und Gefühlen" aus seinen Verhältnissen „auszubrechen", wie zu Recht gesagt wurde.[28] Noch Heinrich Heine, ein wahrhaft revolutionärer Kopf, sollte vier Jahrzehnte später im Hinblick auf das zurückgebliebene Deutschland nicht den Sturz in die gänzlich unbekannte Demokratie, sondern den Übergang in die konstitutionelle Monarchie empfehlen, der Realitätsnähe und der praktischen Umsetzbarkeit wegen. Solche Überlegungen waren schon Lichtenberg vertraut. Sie verschränkten sich mit seinen Erfahrungen der deutschen Kulturlandschaft. Ein Phänomen wie die Physiognomik Lavaters, die Deutschland wie eine „Seuche" heimsuchte, verriet eine verbreitete Anhänglichkeit an autoritäre Lehren und eine fast widerstandslose Empfänglichkeit für Herrschaftswissen und Kontrollsysteme. Weder Alltagsbewußtsein noch Psyche schienen reif für die revolutionäre Freiheit. Wer wie Lichtenberg zeitlebens für die Emanzipation des Individuums stritt, mußte deshalb nicht den Abstand zwischen der Idee und ihrer realen Verwurzelung im allgemeinen Bewußtsein aus dem Blick verlieren. Und Gleichheit? Lichtenberg hat für sie als zwischenmenschliche Verkehrsform entschieden plädiert, hat sie durch Selbstaufklärung zu befördern versucht (vgl. II, G 83) – doch seine Aphoristik hat ebenso entschieden die inneren Widerstände dagegen aufgeführt: Eigenliebe und Egozentrik der Individuen als Triebfedern ihres Handelns (vgl. C 267).

Davon abgesehen, hatte Lichtenberg von früh an die Breitenwirkung aufklärerischer Schriften skeptisch beurteilt; den emphatischen Volks-Bildungsideen seiner Zeitgenossen hat er illusionslos widersprochen. Die Französische Revolution war für ihn, den Experimentalphysiker, „Experimentalpolitik"[29] mit der zweideutigen, widersprüchlichen ‚Natur' des Menschen – und eben deswegen nicht die Verheißung einer realitätsnahen Utopie. Wußte Lichtenberg, der rücksichtslose Selbstbeobachter, nicht zuviel von dieser ‚Natur', ihren Schwächen und Unzulänglichkeiten, als daß er ihre schlagartige Umwandlung durch die Politik hätte erhoffen können? Man hat das kritisch vermerkt. Aber war er nicht einige Erkenntnisschritte jener deutschen Intelligenz voraus, die aufgrund ihrer idealistischen Menschheitskonzepte in der Revolution zunächst den Himmel, und dann, nach unvermeidlichen Enttäuschungen, die Hölle auf Erden erblickte?[30]

Man müßte, um das komplexe Zusammenspiel zwischen Politik und individueller Zeitgenossenschaft zu ermessen, auch private Faktoren in Betracht ziehen – beispielsweise Lichtenbergs mit dem Ausbruch der Revolution schlagartig einsetzende Erkrankung oder seine wachsende Distanz zur revolutionären Entwicklung aus familiären Rücksichten.[31] Aber die Bestimmung des politischen Standorts eines Schriftstellers im Spiegel seiner theoretischen Äußerungen ist sekundär angesichts der Frage, wie seine literarischen Schriften – genauer: wie seine Schreibweise diesen Standort spiegelt. Antworten darauf werden in den hier vorgelegten Analysen skizziert. So findet der in den Aphorismen geäußerte Autoritätszweifel sein stilistisches Pendant in Lichtenbergs Essayistik, die zum Fragen und Infragestellen anregt. Statt suggestiven Zwang auszuüben, schlägt sie den Lesern die freie Urteilsbildung vor; statt Unfehlbarkeit zu mimen, legt sie ihnen das Experimentieren mit Ideen nahe; statt der Herrschaft des Arguments privilegiert sie die selbständige Urteilskraft: eine ‚republikanische' Schreibart, die absolutistischem Stilgebaren opponiert. Anstelle eines geschlossenen Systems von Gedanken erprobt Lichtenberg deren bewegliche Konfiguration, anstelle des imperativen Urteils die konjunktivische Gegenposition; mit ‚Witz' lüftet er den Schleier von Tabus, mit Phantasie macht er Undenkbares denkbar, Verschämtes sagbar, Verheimlichtes offenbar, Verdrängtes bewußt. Das freie Denken hat in ihm einen urbanen Anwalt, die Ich-Stärke, notwendiges Ingrediens freier Gesellschaften, einen unbequemen Förderer. Seine Losung: „*sich* aus dem Schutt fremder Dinge herauszufinden, *selbst* anfangen zu fühlen, und *selbst* zu sprechen und ich mögte fast sagen auch einmal zu existieren" (B 264).[32]

Anmerkungen

Einleitung

Zitiert wird im folgenden nach der von Wolfgang Promies herausgegebenen Ausgabe: Georg Christoph Lichtenberg. Schriften und Briefe. Sudelbücher Bd. I u. II. München: Hauser 1968 u. 1971. – Zur Unterscheidung der Bände wird bei Zitaten aus dem 2. Bd. die Ziffer II dem Buchstaben des Hefts und der Aphorismusnummer vorangestellt.

1 Die Aphorismen Lichtenbergs sind in seinen „Sudelbüchern" enthalten. Sie setzen sich aus fünfzehn verschiedenen Heften zusammen, die Lichtenberg selbst mit fortlaufenden Buchstaben bis einschließlich L bezeichnet hat (außer dem Heftchen für das erste „Sudelbuch" A).

2 Zitiert nach Horst Gravenkamp: Geschichte eines elenden Körpers. Lichtenberg als Patient. (Lichtenberg-Studien, hrsg. v. U. Joost u. S. Brüdermann, Bd. II). Göttingen: Wallstein 1989.

3 Vgl. dazu den Aphorismus B 160.

4 So eine Wendung Lichtenbergs aus einem Brief an Christiane Dieterich (15. März 1772).

5 Zitiert nach Gravenkamp (Anm. 2), S. 18.

6 Siehe Anm. 2.

7 Diese Selbstcharakteristik Lichtenbergs wird zitiert nach der schönen Monographie von Wolfgang Promies: Lichtenberg. Reinbek bei Hamburg: Rowohlt 1964. S. 38.

8 Eine sehr informative, gediegene Darstellung der Biographie Lichtenbergs in ihrem kulturellen Kontext, freilich nur bis zum Ende seines zweiten Englandaufenthalts, bietet Otto Deneke: Lichtenbergs Leben. Bd. 1 München 1944. Bd. 2 ist nicht erschienen.

9 Brief an Christian Garve vom 3. Nov. 1782

10 Ebd.

11 Brief an Joel Paul Kaltenhofer vom 12. Oktober 1772.

12 Zitiert nach Paul Requadt: Lichtenberg. Stuttgart: Kohlhammer 1964. S. 117.

13 Ein anziehendes Porträt dieser Aufklärer zeichnet Wolfgang Promies im Nachwort zur einbändigen Lichtenberg-Ausgabe: Aphorismen. Schriften. Briefe. München: Hanser 1974. S. 662–668.

14 Über Lichtenberg als Physiker unterrichtet Paul Hahn: Georg Christoph Lichtenberg und die exakten Wissenschaften. Materialien zu seiner Biographie. Göttingen 1927.

15 So die damaligen Charakterisierungen des Stils der genannten Aufklärer. Zitiert nach Promies (Anm. 13), S. 667.

16 Lichtenbergs Briefe werden im folgenden zitiert nach Ulrich Joost u. Albrecht Schöne: Briefwechsel. 4 Bde. München: Beck 1983–1992. Zitat aus einem Brief an Margarethe Lichtenberg vom 16. April 1792 (3. Bd). Eine gewichtige Monographie hat in diesem Zusammenhang Ulrich Joost vorgelegt: Lichtenberg – der Briefschreiber. (Lichtenberg-Studien, Bd. V, s. Anm. 2). Göttingen: Wallstein. 1993.

17 Wolfgang Promies: Der Bürger und der Narr oder das Risiko der Phantasie. Sechs Kapitel über das Irrationale in der Literatur des Rationalismus. München: Hanser 1966. Vgl. S. 249 f.

18 Paul Requadt (Anm. 12). – Vorstehendes Zitat S. 122.

19 Zitiert nach Requadt (Anm. 12), S. 130.

20 Gert Ueding: „Wenn wir vernünftig sprechen, sprechen wir nur immer unser Wesen und unsere Natur." Lichtenbergs Beredsamkeit aus der Erfahrung. In: Lichtenberg. Streifzüge der Phantasie, hrsg. v. Jörg Zimmermann. Hamburg: Dölling und Galitz 1988.

21 Albrecht Schöne: Aufklärung aus dem Geist der Experimentalphysik. Lichtenbergsche Konjunktive. München: Beck 1983 (zweite, überarbeitete Auflage). – Vorstehendes Zitat S. 50.

22 Schöne (Anm. 21), S. 50.

23 Ebd.

24 Ernst-Peter Wieckenberg: Lichtenbergs „Erklärung der Hogarthischen Kupferstiche" – ein Anti-Lavater? In: Text + Kritik 114 (Georg Christoph Lichtenberg), 1992, S. 39–56.

25 Wieckenberg (Anm. 24), S. 48.

26 Wieckenberg (Anm. 24), S. 49.

27 Siehe Wieckenberg (Anm. 24), S. 50 ff.

28 Zitiert nach Promies (Anm. 7), S. 69.

29 Promies (Anm. 7), S. 70.

30 Schöne (Anm. 21), S. 53.

31 Vgl. dazu die Belege in der lehrreichen Biographie von Franz H. Mautner: Lichtenberg. Geschichte seines Geistes. Berlin: de Gruyter 1968 (S. 457 ff.). – Mautner zeichnet nicht nur den Lebensweg Lichtenbergs im engeren biographischen Sinne nach, sondern auch seine geistige Entwicklung anhand aller schriftlichen Zeugnisse.

32 Dem Erkenntnisproblem bei Lichtenberg hat Heinz Gockel ein instruktives Kapitel gewidmet: „Relativität der Erkenntnis". In: H. G.: Individualisiertes Sprechen. Lichtenbergs Bemerkungen im Zusammenhang von Erkenntnistheorie und Sprachkritik. Berlin, New York: de Gruyter 1973.

33 Dieses konstitutive Verhältnis zwischen Teil und Ganzheit, Satz und Buch, Buch und Satz legt Gerhard Neumann einleuchtend dar: Ideenparadiese. Untersuchungen zur Aphoristik von Lichtenberg, Novalis, Friedrich Schlegel und Goethe. München: Wilhelm Fink, 1976. S. 206 ff.

34 Neumann (Anm. 33) macht diesen Dialogcharakter mit feiner Feder evident. Vgl. u. a. S. 194ff.

I. Erkenntniskräfte und Stilformen Lichtenbergs Aphoristik

1 Zur Gattung des Aphorismus vgl. die grundlegenden Erörterungen *Neumanns* (Anm. 33, Einleitung). – Gockel (Anm. 32 Einleitung) hat eine gründliche und höchst lesenswerte, den Aphorismus Lichtenbergs einbeziehende Studie seiner Sprach- und Erkenntnisleistung vorgelegt, die er sowohl im Hinblick auf die Tradition der Rhetorik wie auf das Denken seiner Zeit differenziert bestimmt. Gockels kategoriales System charakterisiert die Besonderheit des „individualisierten Sprechens" bei Lichtenberg präzise, entindividualisiert es freilich auch von Zeit zu Zeit. So werden besonders ‚witzige Aphorismen' mit einer Gelehrsamkeit analysiert, die sie um ihren Witz zu bringen droht (vgl. S. 166f. oder S. 184f.). Die große philologische Leistung Gockels wird dadurch nicht geschmälert. – In vorliegender Darstellung (die sich mit der Gockels in mancher Hinsicht trifft) geht es nicht um die kognitive Qualität des Lichtenbergschen Erkennens allein, die Gockel hervorhebt; die Rede ist von einer Vielheit von Erkenntniskräften, wie sie dem Empfinden, dem Traum, der sinnlichen Wahrnehmungskraft, der Körpersprache eigentümlich sind. Und es geht um die ästhetische, über die Erkenntnisfunktion hinausweisende Qualität des Aphorismus. –
Eine Typologie des Lichtenbergschen Aphorismus versucht Mautner (Anm. 31, Einleitung), S. 229ff. Ergiebiger sind Mautners unsystematische, an verschiedenen Stellen seines Buchs eingeflochtene Hinweise zu den ästhetischen Qualitäten der Aphoristik Lichtenbergs.
Trotz einer problematischen Grundannahme – Lichtenbergs prinzipielle „Zweiheit" und sein „zerfallenes Leben" retteten sich in den Aphorismus – ist das Schlußkapitel Peter Rippmanns zum Aphorismus noch immer lesenswert: Werk und Fragment. Georg Christoph Lichtenberg als Schriftsteller. Bern 1953.
Umfassender noch als Rippmann geht Requadt (Anm. 12, Einleitung) auf die Tradition des Aphorismus von Montaigne bis Bacon ein und erläutert sachkundig Lichtenbergs Stellung dazu (vgl. Kap. V).

2 Vgl. zu diesem Themenkreis das historisch vertiefte Kapitel bei *Gockel* (Anm. 32, Einleitung): „Von dem Einfluß der Meinungen in die Sprache", S. 116ff.

3 Zum Stilideal der Kürze äußert sich Mautner (Anm. 31, Einleitung), S. 149ff.

4 Lichtenbergs antisystematischen Grundzug erörtert Requadt (Anm. 12, Einleitung) in seinem V. Kapitel (S. 142ff.).

5 Zum Motiv des Zweifels vgl. Gockel (Anm. 32, Einleitung), S. 57 ff. und Lothar Schäfer: „Könnte auch dieses nicht falsch sein?“ Skepsis, Aufklärung und Wissenschaftstheorie bei Georg Christoph Lichtenberg. In: Jörg Zimmermann (Anm. 20, Einleitung), S. 164–192.

6 In diesem Spannungsfeld verändert sich der Status der ‚objektiven Realität‘, sie wird – gemäß Kantscher Auffassung – notwendigerweise subjektiviert. „Wir nehmen die Dinge wahr vermöge unsrer Sinnlichkeit. Aber was wir wahrnehmen sind nicht die Dinge selbst, das Auge schafft das Licht und das Ohr die Töne. Sie sind außer uns nichts. Wir leihen ihnen dieses.“ (J 1166). – Zum Einfluß Kants auf Lichtenberg vgl. Requadt (Anm. 12, Einleitung), Kap. III, Mautner (Anm. 31, Einleitung), S. 394–397, S. 437 ff. sowie Schäfer (Anm. 5). Welche Funktion in diesem Zusammenhang dem naturwissenschaftlichen Denken Lichtenbergs zukommt, legt *Schäfer* (Anm. 5) dar. – Vgl. außerdem Gertrud Fischer: Lichtenbergsche Denkfiguren. Aspekte des Experimentellen. Heidelberg: Winter 1982. – Im Anschluß an Schöne (Anm. 21, Einleitung), der die Problemstellung ‚eröffnet‘ hat, argumentiert Smail Rapic: „Man muß mit Ideen experimentieren.“ Naturwissenschaft und aphoristisches Denken bei Lichtenberg. In: Text+Kritik (Anm. 24, Einleitung), S. 14–22.

8 Vgl. dazu Neumann (Anm. 33, Einleitung). Eine der Absichten Neumanns ist es, das Wechselverhältnis zwischen „Geist“ und „Gefühl“, „rationaler“ und „arationaler“ Haltung bei Lichtenberg darzustellen und darin die „Doppelsituation des Menschen“ (S. 234) zu erweisen.

9 Sigmund Freud: Das Unbehagen in der Kultur. In: S. F.: Abriß der Psychoanalyse. Das Unbehagen in der Kultur. (Fischer Taschenbuch). Frankfurt/M.: S. Fischer 1975. S. 88.

II. Erkenntnisgegenstände. Welt- und Selbsterfahrung

1 Man konsultiere dazu die aufschlußreichen Betrachtungen Dieter Lampings: Lichtenbergs literarisches Nachleben. Eine Rezeptionsgeschichte. Göttingen: Vandenhoeck & Ruprecht 1992. – Von Goethe über Nietzsche, Schopenhauer zu Musil und Heißenbüttel führt Lamping den Reigen illustrer Lichtenberg-Kenner.

2 Die ungebrochene Faszination, die Lichtenberg auf Schriftsteller ausübt, bezeugt „Eine Hommage zu seinem 250. Geburtstag“: so der Untertitel zu „Lichtenbergs Funkenflug der Vernunft“ (hrsg. v. J. D. Kogel, W. Schütte u. H. Zimmermann). Frankfurt/M.: Insel 1992.

3 Vgl. dazu die umsichtige Charakteristik der Lichtenberg-Forschungsgeschichte von Rainer Baasner: Georg Christoph Lichtenberg. Darmstadt 1992.

4 Wie sich von einem Strukturmerkmal der Aphoristik Lichtenbergs ein

Zugang zu einem epischen Entwurf eröffnet, zeigt beispielsweise Neumann (Anm. 33, Einleitung) an Lichtenbergs „doppeltem Prinz" (S. 254 ff.).

5 Wenn H. Gockel (Anm. 32, Einleitung) für Lichtenbergs „Bemerkungen" auch andere Texte als die „Sudelbücher" heranzieht, so werden Verbindungslinien sichtbar, die dem genannten Forschungsdesiderat partiell entsprechen.

6 Baasner (Anm. 3) macht dies mehrfach deutlich: „Lichtenbergs Briefe gehören zu den stilistisch ausgefeiltesten, inhaltlich vielseitigsten und damit kulturgeschichtlich interessantesten des späten 18. Jahrhunderts. (...) Einen Forschungsstand, der dieser Wertschätzung Rechnung trüge, gibt es jedoch bis jetzt nicht." (S. 110) – „Die Bedeutung einzelner Lichtenbergscher Streitschriften – gemessen am historischen Rang der verhandelten Gegenstände – ist bisher wenig untersucht." (S. 120) Das gilt auch für Lichtenbergs „bekannteste" Streitschrift „Über Physiognomik wider die Physiognomen".

7 Stellvertretend für die Unterschätzung des Lichtenbergschen Gesamtwerks und seiner einheitsstiftenden Strukturmerkmale mögen Äußerungen Peter Rippmanns sein (Anm. 1, Erkenntniskräfte) Er zieht aus Lichtenbergs „Verleugnung seiner Schriften" und dem „häufigen Hinausschieben seiner Pläne" (S. 77) den Schluß, daß ihm nur als Aphoristiker ein „fruchtbares Schaffen" vergönnt war (S. 24) und er auch „als Satiriker" gescheitert seit (S. 95).

8 Ich unterscheide mich in mancher Hinsicht von Heinz Brüggemann, auf dessen lesenswerte Großstadt-Studie hier verwiesen sei: „Aber schickt keinen Poeten nach London." Großtstadt und literarische Wahrnehmung im 18. und 19. Jahrhundert. Texte und Interpretationen. Reinbek bei Hamburg: Rowohlt 1985.

9 Brief vom 17. April 1770 an Christian Gottlob Heyne, zitiert nach Joost/Schöne (Anm. 16, Einleitung), Bd. I.

10 Brief an Abraham Gotthelf Kästner, ebenfalls auf den 17. April 1770 datiert. Siehe Joost/Schöne (Anm. 16, Einleitung) I, 26.

11 Brief an Heyne (Anm. 9) I, 23.

12 Vgl. dazu Gert Sautermeister: Spannweite der Gegensätze, Nähe der Extreme. Zur Unverjährtheit eines Unbekannten in: H.-W. Jäger: Europäisches Reisen im Zeitalter der Aufklärung. (7. Bd. der Reihe Neue Bremer Beiträge, hrsg. von H.-W. Jäger u. G. Sautermeister.) Heidelberg: Carl Winter 1992.

13 Es wird zitiert nach Joost/Schöne (Anm. 16, Einleitung) I, S. 486–497.

14 Zum Londoner Großstadterlebnis vgl. auch Helmut Peitsch: Die Entdeckung der „Hauptstadt der Welt". Zur Ausformung eines Bildes von London in deutschen Zeitschriften und Reisebeschreibungen des 18. Jahrhunderts. In: H.-W. Jäger (Hrsg.): Europäisches Reisen im Zeitalter der Aufklärung (Anm. 12), S. 131–157. Vgl. außerdem: Conrad Wiedemann (Hrsg.): Rom–Paris–London: Erfahrung und Selbsterfah-

rung deutscher Schriftsteller und Künstler in den fremden Metropolen. Ein Symposion. Stuttgart 1988.

15 In seinem Bildungsroman „Der grüne Heinrich".

16 Siehe dazu Wolfgang Griep: Reiseliteratur im späten 18. Jahrhundert. In: Rolf Grimminger (Hrsg.): Deutsche Aufklärung bis zur Französischen Revolution 1680–1789 (Hansers Sozialgeschichte der deutschen Literatur. Bd. 3 München 1980) S. 739–764.

17 Mautner (Anm. 31, Einleitung) spricht im Hinblick auf Lichtenbergs Londoner Lebensgefühl zutreffend von der Stärkung seines „Selbstbewußtseins" und vom „Aufschwung seines ganzen Wesens" (S. 153 f.).

18 Brief vom 16. März 1775 an Christian Gottlob Heyne.

19 Brief vom Januar 1775 an Christiane Dieterich.

20 Vollständiger Titel: Briefe aus England. An Heinrich Christian Boie. In: Band III der Schriften und Briefe (Anm. 1, Einleitung). München: Hanser 1972. S. 326–367.

21 Zitiert nach Promies, Kommentarband zu Band III der Schriften und Briefe. S. 150.

22 So sieht es auch Mautner (Anm. 31, Einleitung), vgl. S. 156. Er macht zu Lichtenbergs Theaterbriefen einige treffende Anmerkungen; eine eingehende Analyse liegt nicht in der Absicht seiner umfassend angelegten Biographie.

III. Die Streitschrift ‚Über Physiognomik'

1 Lichtenbergs Schrift erschien zuerst im Herbst 1777 im „Göttinger Taschen Calender" für 1778, ehe sie in überarbeiteter Form als gesonderte Ausgabe im Frühjahr 1778 veröffentlicht wurde. Diese 2. Auflage wird im folgenden zugrunde gelegt. Sie wird zitiert nach Wolfgang Promies (Hrsg.): Georg Christoph Lichtenberg. Schriften und Briefe. 3. Bd. Aufsätze, Entwürfe, Gedichte, Erklärung der Hogarthischen Kupferstiche. München: Hanser 1972. – Die entsprechenden Seitenzahlen sind in Klammern gesetzt.

2 Lavaters vierbändiges, prachtvoll gebundenes und mit „viel Kupfer" ausgestattetes Werk erschien in Leipzig und Winterthur. Es wird (der besseren Zugänglichkeit wegen) zitiert nach *J. C. Lavaters ausgewählte Werke*, hrsg. v. Dr. Ernst Staehlin. 2. Bd. Zürich 1943. – Vor die jeweilige Seitenzahl wird das Kennzeichen La gesetzt.

3 So Lichtenbergs eigene drastische Kennzeichnung, zit. nach Promies, Lichtenberg, (Anm. 7, Einleitung), S. 77.

4 Vgl. Staehlin (Anm. 2), S. 111.

5 Vom „Göttinger Taschen-Calender", ihrem ersten Publikationsort, waren in kurzer Zeit 8000 Exemplare verkauft, eine für damalige Verhältnisse sensationell hohe Zahl.

6 Gottfried Keller: Das Sinngedicht. In: Sämtliche Werke und ausgewählte Briefe (Hrsg. v. Clemens Heselhaus). Bd. 2. München 1958, S. 971.

7 Botho Strauß: Beginnlosigkeit. Reflexionen über Fleck und Linie. München 1992. – Die folgenden Zitate entstammen den Seiten 90f.

8 Friedrich Schiller: Über ästhetische Erziehung des Menschen in einer Reihe von Briefen. In: Sämtliche Werke, hrsg. von Gerhard Fricke und Herbert G. Göpfert. München 1975. Bd. V Erzählungen. Theoretische Schriften. Die folgenden Zitate sind dem 6. Brief entnommen.

9 Zu letzterem Phänomen vgl. Hartmut Böhme: Natur und Subjekt. Frankfurt/M.: Suhrkamp 1988. S. 179ff.

10 Eine Wortprägung Gottfried Kellers aus dem „Grünen Heinrich".

11 Zitiert nach der Erstausgabe: II. Fragment (Zugabe). Erster Versuch. Leipzig und Winterthur 1775.

12 Th. W. Adorno: Zum Verhältnis von Soziologie und Psychologie. In: Th. W. Adorno: Aufsätze zur Gesellschaftstheorie und Methodologie. Frankfurt/M.: Suhrkamp 1970. S. 17.

13 Zitiert nach der Erstausgabe der Fragmente, Vierter Versuch. Leipzig und Winterthur, 1778, S. 311.

14 Abschätzige Bemerkungen Kants zitiert Lavater selbst. Auch Lessing hat sie sich im XXV. Abschnitt des „Laokoon" nicht versagt.

15 Die Klage findet sich im 1. Auftritt des 1. Aufzugs.

16 Friedrich Schiller: Sämtliche Werke (s. Anm. 8). Bd. V. Erzählungen / Theoretische Schriften. München: Hanser 1975. S. 13.

17 Ebd.

18 Gert Mattenklott: Der übersinnliche Leib. Beiträge zur Metaphysik des Körpers. Reinbek bei Hamburg. Rowohlt 1982.

19 Vgl. Schöne (Einleitung, Anm. 21).

20 Siehe Wieckenberg (Einleitung, Anm. 24).

21 Vgl. Mattenklott (Anm. 18), S. 23ff. – Zu Lichtenbergs Verwandtschaft mit Goethe siehe auch Mautner (Anm. 31, Einleitung), S. 190.

22 Zu einigen Weiterungen des zeitgenössischen Physiognomik-Streites zwischen Lichtenberg und Lavater vgl. Mautner (Anm. 18, Einleitung), S. 189ff. sowie Remo Buser: Ausdruckspsychologie. Problemgeschichte, Methodik und Systematik der Ausdruckswissenschaft. München: Ernst Reinhardt 1973 (KTB 225).

IV. Die Hogarth-Kommentare

1 Zur kunstgeschichtlichen Bedeutung Hogarths vgl. Werner Busch: Nachahmung als bürgerliches Kunstprinzip. Ikonographische Zitate bei Hogarth und in seiner Nachfolge. Hildesheim/New York 1977. – Klaus Herding: „Die Schönheit wandelt auf den Straßen". Lichtenberg zur Bildsatire seiner Zeit. In: Lichtenberg (Anm. 20, Einleitung) S. 19–59. –

Herding hat vor allem im Hinblick auf den von Busch betonten moralischen Gehalt der Bildsatiren eine andere – moralfreie – Auffassung. – Herding verzeichnet auch neuere Forschungsbeiträge zu Hogarth.

2 Vgl. dazu den „Kommentar zu Band III" der Schriften und Briefe von Wolfgang Promies, S. 318 und 321.

3 Die von 1794–1799 in fünf Lieferungen erschienene „Erklärung" wird nach Band III der Schriften und Briefe (Anm. 1, III) zitiert. Wir beschränken uns hier auf die 1795 erschienene zweite Lieferung „Der Weg der Buhlerin".

4 Wieckenberg (Anm. 24, Einleitung), S. 46ff. Vgl. dazu auch Rudolf Wehrli: C. G. Lichtenbergs ausführliche Erklärung der Hogarthischen Kupferstiche. Versuch einer Interpretation des Interpreten. Bonn: Bouvier 1980. S. 99ff.

5 Vgl. Neumann (Anm. 33, Einleitung).

6 Siehe dazu Herding (Anm. 1), S. 25f. – Dagegen bleibt Wehrli (Anm. 4) schwankend im Hinblick auf die moralische Intention vor allem Lichtenbergs.

7 So verfährt beispielsweise Mautner (Anm. 31, Einleitung), vgl. S. 420.

8 Vgl. dazu Herding (Anm. 1), S. 26ff.

9 Siehe dazu Lichtenbergs Brief an Johann Friedrich Benzenberg vom Juli 1798, in dem er Jean Pauls „Verbindung von Witz, Phantasie und Empfindung" rühmt und hinzufügt: „Einen allmächtigern Gleichniß-Schöpfer kenne ich gar nicht." Briefe (Anm. 16, Einleitung) Bd. 4, Nr. 2883.

10 Zitiert nach Hanns-Josef Ortheil: Der poetische Widerstand im Roman. Geschichte und Auslegung des Romans im 17. und 18. Jahrhundert. Königstein/Ts.: Athenäum 1980, S. 87.

V. Zeitkritik und Selbsterfahrung

1 Vgl. Kap. I, *Vernunft und Erfahrung. Subjektivität.*

2 Siehe dazu Gerhard Sauder (Hrsg.): Empfindsamkeit. Theoretische und kritische Texte. Stuttgart: Reclam 1976, Nachwort, S. 199.

3 Joost/Schöne (Anm. 16, Einleitung), Bd. I.

4 Vgl. Kap. I, *Sprachsinn und Sprachkritik.*

5 Eine differenzierte Darstellung gibt Wilhelm Grenzmann: Georg Christoph Lichtenberg. Salzburg/Leipzig 1939. Ka. III. – Der heutige Leser bedauert angesichts der zahlreichen gediegenen Auskünfte Grenzmanns dessen zeittypische ‚völkische' Entgleisungen um so mehr.

6 Vgl. dazu auch den Brief an Johann Christian Dieterich vom 28. Januar 1775.

7 Vgl. dazu Kap. II, 1.

8 Vorschlag zu einem Orbis pictus für deutsche dramatische Schriftsteller, Romanen-Dichter und Schauspieler. Nebst einigen Beyträgen dazu, von

G. C. L. – So der Titel der Erstveröffentlichung im „Göttinger Magazin der Wissenschaften und Litteratur", 1780.

9 Vgl. Kap. I, *Die Sprache des Körpers.*

10 Vgl. ebd.

11 Siehe dazu Sauder (Anm. 2), Texte S. 65 f.

12 Vgl. Kap. I, *Die Sprache des Körpers.*

13 Siehe dazu Ueding (Anm. 20, Einleitung).

14 Vgl. Kap. I, *Vernunft und Erfahrung. Subjektivität.*

15 Fragment von Schwänzen. Ein Beitrag zu den Physiognomischen Fragmenten (Bd. III der Hanser-Werkausgabe), erschienen 1783.

16 Vgl. Kap. I, *Einbildungskraft. Bilderwitz.*

17 Siehe dazu Sauder (Anm. 2), Texte S. 57–60 u. S. 60–67.

18 Vgl. Kap. I, *Asymmetrie und Disproportionalität.*

19 Siehe Kommentar zu Bd. III der Schriften und Briefe von Promies, S. 253.

20 Vgl. dazu Wolfgang Griep: Die lieben Zöglinge unterwegs. Über Schulreisen am Ende des 18. Jahrhunderts. In: H.-W. Jäger u. W. Griep (Hrsg.): Reisen im 18. Jahrhundert. Neue Untersuchungen./Neue Bremer Beiträge (Anm. 12, II)/Heidelberg: Carl Winter 1986. S. 152–180. – Dort auch weitere einschlägige Literaturhinweise.

21 Helmut Pfotenhauer: Sich selber schreiben. Lichtenbergs fragmentarisches Ich. In: Jahrbuch der deutschen Schillergesellschaft. Bd. XXXII. 1988. S. 77–93. Pfotenhauer wirft die aufschlußreiche Frage auf, warum es Lichtenberg nicht zu einer Autobiographie, sondern nur zu „Pfennigwahrheiten" gebracht habe (S. 80).

22 Vgl. dazu Theodor W. Adorno und Max Horkheimer: Dialektik der Aufklärung, insbesondere das Kapitel „Begriff der Aufklärung" und „Exkurs I. Odysseus oder Mythos und Aufklärung".

23 Jörg Zimmermann (Anm. 20, Einleitung) hat zur *„Existenz-Reflexion"* Lichtenbergs (S. 238) einen anregenden Aufsatz beigesteuert: „Wer ist dieses Ich?" Georg Christoph Lichtenberg – Psychologiekritik und Existenzreflexion, S. 233–249.

24 Vgl. Kap. I, *Fröhliche Anarchie.*

25 Vgl. Kap. I, *Bildliches Denken* und Kap. III, *Dialektik der Menschenkenntnis.*

26 Wie Lichtenberg die Vernunft des Systems an einem Detail bloßstellt, demonstriert in einem geistvollen Aufsatz Wolfgang Promies: Über Schnürbrüste, Forster und Lichtenberg. Ein Paradigma für Aufklärung. In: Aufklärung über Lichtenberg. Göttingen: Vandenhoeck & Ruprecht 1974.

27 Siehe dazu Hans Ludwig Gumbert (Hrsg.): Georg Christoph Lichtenberg. London-Tagebuch – September 1774 bis April 1775. Hildesheim: Gerstenberg 1979. S. 46 f.

28 Rudolf Vierhaus: Lichtenberg und seine Zeit. In: Aufklärung über Lichtenberg (Anm. 26), S. 31. – Auf Vierhaus' instruktiven Beitrag sei hier ausdrücklich verwiesen.

29 Vgl. dazu das Kapitel über die Französische Revolution bei Schöne (Anm. 21, Einleitung).

30 Siehe Gert Sautermeister: Literarischer Messianismus in Deutschland. Politische Ästhetik im Bann der Revolution (1789–1914). In: Harro Zimmermann (Hrsg.): Schreckensmythen – Hoffnungsbilder. Die Französische Revolution in der deutschen Literatur. Frankfurt/M.: Athenäum 1989. S. 122–161.

31 Vgl. dazu Mautner (Anm. 31, Einleitung), S. 457ff.

32 Zum Lichtenbergschen Selbst bemerkt Eindringliches Gert Mattenklott: „Charakter einer mir bekannten Person". Lichtenberg als Charakterloge. In: Lichtenberg (Anm. 20, Einleitung), S. 212–232.

Literaturhinweise

I. Werke

1. Schriften

Mit Ausnahme der Briefe wird nach folgender Ausgabe zitiert:
Georg Christoph Lichtenberg. Schriften und Briefe. 4 Bde. Hrsg. von Wolfgang Promies. München: Hanser 1967 ff.

Bd. I Sudelbücher (1980 – 3. Auflage). – Zitiert mit der Angabe des Hefts und der Aphorismusnummer (z. B. C. 7)

Bd. II Sudelbücher II, Materialhefte, Tagebücher (1991 – 3. revidierte Auflage). Zur Unterscheidung von Bd. I wird die Ziffer II der Ausgabe des Hefts und der Aphorismusnummer vorangestellt (z. B. II, G 17).
Der Kommentarband zu Bd. I und II erschien 1992.

Bd. III Aufsätze, Entwürfe, Gedichte, Erklärung der Hogarthischen Kupferstiche (1972). – Zitiert als III + Seitenzahl. Als selbständiger Band ist der wichtige *Kommentar zu Band III* erschienen (1974).

Eine ansprechende Auswahl der vierbändigen Ausgabe bietet der von Wolfgang Promies in Zusammenarbeit mit Barbara Promies herausgegebene Band Georg Christoph Lichtenberg: Aphorismen. Schriften. Briefe. München: Hanser 1991.

2. Briefe

Lichtenbergs Briefe werden zitiert nach Ulrich Joost u. Albrecht Schöne: Briefwechsel. 4 Bde. München: Beck 1983–1992. Zitiert wird mit Briefdatum und Bandzahl.

II. Literatur über Lichtenberg (Auswahl)

1. Bibliographien und Forschungsberichte

Rainer Baasner: Georg Christoph Lichtenberg. Darmstadt 1992.

Ulrich Joost: Kommentierte Auswahlbibliographie. In: Georg Christoph Lichtenberg. S. Anm. 24 d. Einleitung.

Friedrich Lauchert: Georg Christoph Lichterberg's schriftstellerische Tätigkeit in chronologischer Uebersicht dargestellt. Göttingen 1893.

Rudolf Jung: Lichtenberg-Bibliographie. Heidelberg 1972.

Wolfgang Preisendanz: Georg Lichtenberg. Ein Literaturbericht. In: Germanisch-Romanische Monatsschrift. Bd. 37. Heidelberg 1956, S. 338–357.

2. *Biographien, Gesamtdarstellungen, Monographien.*

Otto Deneke: Lichtenbergs Leben. Bd. 1. München 1944.

Gertrud Fischer: Lichtenbergsche Denkfiguren. Aspekte des Experimentellen. Heidelberg: Winter 1982.

Heinz Gockel: Individualisiertes Sprechen. Lichtenbergs Bemerkungen im Zusammenhang von Erkenntnistheorie und Sprachkritik. Berlin/New York: de Gruyter 1973.

Horst Gravenkamp: Geschichte eines elenden Körpers. Lichtenberg als Patient (Lichtenberg-Studien). Göttingen: Wallstein 1989.

Horst Gravenkamp und Ulrich Joost (Bearbeiter): „Es sind das freylich Schattenspiele". Eine Lichtenberg-Topographie in Bildern. (Lichtenberg-Studien) Göttingen: Wallstein 1990.

Paul Hahn: Georg Christoph Lichtenberg und die exakten Wissenschaften. Materialien zu seiner Biographie. Göttingen 1927.

Ulrich Joost: Lichtenberg – der Briefschreiber. (Lichtenberg-Studien) Göttingen: Wallstein 1993.

Rudolf Jung: Studien zur Sprachauffassung Georg Christoph Lichtenbergs. Versuch einer Interpretation der sprachphilosophischen Aphorismen. Frankfurt/M. 1968.

Richard Kleineibst: G. Ch. Lichtenberg in seiner Stellung zur deutschen Literatur. Straßburg 1915.

Dieter Lamping: Lichtenbergs literarisches Nachleben. Eine Rezeptionsgeschichte. Göttingen: Vanderhoek & Ruprecht 1992.

Franz H. Mautner: Lichtenberg. Geschichte seines Geistes. Berlin: de Gruyter 1973.

Wolfgang Promies: Lichtenberg. Reinbek bei Hamburg: Rowohlt 1964. ^{4}1992.

Paul Requadt: Lichtenberg. Stuttgart: Kohlhammer 1964.

Gerhard Neumann: Ideenparadiese. Untersuchungen zur Aphoristik von Lichtenberg, Novalis, F. Schlegel und Goethe. München: Fink 1976.

Herbert Schöffler: Lichtenberg. Studien zu seinem Wesen und Geist. Göttingen 1956.

Albrecht Schöne: Aufklärung aus dem Geist der Experimentalphysik. Lichtenbergsche Konjunktive. München: Beck 1983.

Albert Schneider: Lichtenberg. Précurseur du romantisme. Nancy 1954. – Lichtenberg Penseur. Paris 1954.

Joseph P. Stern: Lichtenberg. A doctrine of scattered occasions. Reconstructed from his aphorisms and reflections. Bloomington 1959.

Reinhard Trachsler: Lichtenbergs Aphorismen. Ursprünge und Größe wirklicher Freiheit. Zürich 1956.

Rudolf Wehrli: C. G. Lichtenbergs ausführliche Erklärungen der Hogarthischen Kupferstiche. Versuch einer Interpretation des Interpreten. Bonn: Bouvier 1980.

3. Periodica, Buchreihen, Kataloge, Aufsatzsammlungen, Aufsätze

Photorin. Mitteilungen der Lichtenberggesellschaft. Hrsg. v. Wolfgang Promies. Heft 1–12. Saarbrücken 1979–1987.

Lichtenberg-Jahrbuch. Hrsg. v. Wolfgang Promies und Ulrich Joost. Saarbrücken. Bislang 1–3, 1988–1990 (erschienen 1989–1991). Lichtenberg-Studien. Hrsg. v. Ulrich Joost und Stefan Brüdermann. Göttingen 1989ff.

Das 1. (und 2.) Lichtenberg-Gespräch 1972 (1979). Ober-Ramstadt 1974 (1982).

Aufklärung über Lichtenberg. Hrsg. v. Wolfgang Promies. Göttingen 1974.

Lichtenberg. Streifzüge der Phantasie. Hrsg. v. Jörg Zimmermann. Hamburg 1988.

Georg Christoph Lichtenberg. Text + Kritik. H. 114. München: April 1992.

Lichtenbergs Bücherwelt. Ein Bücherfreund und Benutzer der Göttinger Bibliothek. Katalog der Ausstellung im Foyer der Niedersächsischen Staats- und Universitätsbibliothek. (Lichtenbergstudien) Göttingen. Wallstein 1989.

Georg Christoph Lichtenberg 1742–1799. Wagnis der Aufklärung. (Ausstellung in Darmstadt und Göttingen 1992) München: Hanser.

Remo Buser: Ausdruckspsychologie. Problemgeschichte, Methodik und Systematik der Ausdruckswissenschaft. München: Ernst Reinhardt 1973. (UTB 225)

Ludwig Gumbert (Hrsg.): Georg Christoph Lichtenberg. London-Tagebuch – September 1774 bis April 1775. Hildesheim: Gerstenberg 1979.

Helmut Heißenbüttel: „Die verlorene und wiedergefundene Mutter". Georg Christoph Lichtenberg als Träumer. In: Lichtenberg. Streifzüge der Phantasie. S. 11–18.

Helmut Heißenbüttel: Georg Christoph Lichtenberg – der erste Autor des 20. Jahrhunderts. In: Aufklärung über Lichtenberg. S. 76–96.

Klaus Herding: „Die Schönheit wandelt auf den Straßen". Lichtenberg zur Bildsatire seiner Zeit. In: Lichtenberg. Streifzüge der Phantasie. S. 15–59.

Ulrich Joost: „Briefe an Jedermann". Lichtenberg als Briefschreiber. In: Lichtenberg. Streifzüge der Phantasie. S. 193–210.

Thomas Kempf: „Die Mythen der Physiker". Wissen und Erzählen bei Lichtenberg. In: Georg Christoph Lichtenberg (Text + Kritik), S. 3–13.

J. D. Kogel, W. Schütte u. H. Zimmermann (Hrsg.): „Lichtenbergs Funkenflug der Vernunft". Eine Hommage zu seinem 250. Geburtstag. Frankfurt/M.: Insel 1992.

Paul Löhnert: Gottesglaube, Wissenschaftsglaube, Aberglaube. Drei Orien-

tierungssysteme und ihr Zusammenhang bei Georg Christoph Lichtenberg. In: Georg Christoph Lichtenberg (Text + Kritik), S. 27–38.
Gert Mattenklott: „Charakter einer mir bekannten Person“. Lichtenberg als Charakterologe. In: Lichtenberg. Streifzüge der Phantasie. S. 212–224.
Günther Patzig: Über den Philosophen Lichtenberg. In: Georg Christoph Lichtenberg (Text + Kritik), S. 23–26.
Helmut Pfotenhauer: Sich selber schreiben. Lichtenbergs fragmentarisches Ich. In: Jahrbuch der deutschen Schillergesellschaft Bd. XXXII. 1988. S. 77–93.
Wolfgang Promies: Nachwort zur einbändigen Lichtenberg-Ausgabe: Aphorismen. Schriften. Briefe. München: Hanser 1974, S. 662–668.
Wolfgang Promies: Über Schnürbrüste, Forster und Lichtenberg. Ein Paradigma für Aufklärung. In: Aufklärung über Lichtenberg. S. 1–20.
Smail Rapic: „Man muß mit Ideen experimentieren.“ Naturwissenschaft und aphoristisches Denken bei Lichtenberg. In: Georg Christoph Lichtenberg (Text + Kritik), S. 14–22.
Lothar Schäfer: „Könnte auch dieses nicht falsch sein?“ Skepsis, Aufklärung und Wissenschaftstheorie bei Georg Christoph Lichtenberg. In: Lichtenberg. Streifzüge der Phantasie. S. 164–189.
Wolfgang Schimpf: „In des Witzes letzten Zeiten“. Lichtenberg als Literaturkritiker. In: Georg Christoph Lichtenberg (Text + Kritik), S. 64–75.
Manfred Schneider: Lichtenbergs ungeschriebene Autobiographie. Eine Interpretation. In: Fugen. Deutsch-französisches Jahrbuch für Text-Analytik 1, 1980.
Gerd Ueding: „Wenn wir vernünftig sprechen, sprechen wir nur immer unser Wesen und unsere Natur“. Lichtenbergs Beredsamkeit aus der Erfahrung. In: Lichtenberg. Streifzüge der Phantasie. S. 60–83.
Rudolf Vierhaus: Lichtenberg und seine Zeit. In: Aufklärung über Lichtenberg. S. 21–43.
Ernst-Peter Wieckenberg: Lichtenbergs „Erklärung der Hogarthischen Kupferstiche – ein Anti-Lavater? In: Georg Christoph Lichtenberg (Text + Kritik), S. 39–56.
Jörg Zimmermann: „Wer ist dieses Ich?“ Georg Christoph Lichtenberg – Psychologiekritik und Existenzreflexion. In: Lichtenberg. Streifzüge der Phantasie. S. 233–249

Zeittafel

(zusammengestellt nach den von Wolfgang Promies erfaßten Daten)

1742	1. Juli: Georg Christoph Lichtenberg wird als siebzehntes Kind des Pfarrers Johann Conrad Lichtenberg und seiner Frau Henrike Catharine, geb. Eckhard, in Oberramstadt bei Darmstadt geboren.
1745	Die Familie zieht nach Darmstadt, wohin der Vater als Erster Stadtprediger und Definitor berufen wurde.
1749	Des Vaters Ernennung zum Superintendenten.
1751	17. Juli: Tod des Vaters im Alter von 62 Jahren.
1752–1761	Besuch des Darmstädter Pädagogiums unter Johann Martin Wenck.
1763	21. Mai: Einschreibung an der Georgia-Augusta-Universität in Göttingen.
1763–1767	Studium der Mathematik, Astronomie, Naturgeschichte.
1764	11. Juni: Tod der Mutter. Beginn der Sudelbuchführung. Bis 1771 *Aphorismenheft A.*
1767	17. August: Vorläufige Ernennung zum zweiten Professor der Mathematik und öffentlichen Lehrer der englischen Sprache an der Universität Gießen.
1767–1770	Präzeptor englischer Studenten in Göttingen.
1768–1771	*Aphorismenheft B.*
1770	25. März: Aufbruch von Göttingen über Holland zur ersten Englandreise, von der er Mitte Mai zurückkehrt. 31. Mai: Zum a. o. Professor für Philosophie in Göttingen ernannt. Antrittsvorlesung: *Betrachtungen über einige Methoden, eine gewisse Schwierigkeit in der Berechnung der Wahrscheinlichkeit beym Spiel zu heben.*
1771	28. Juni: Gleim bei Lichtenberg.
1772	Bekanntschaft mit Herder in Bückeburg, mit Möser in Osnabrück.
1772–1773	Reisen zur astronomischen Ortsbestimmung von Hannover, Osnabrück, Stade im Auftrag des englischen Königs. Von September 1772–August 1773 *Aphorismenheft C.*
1773	Der 1771 geschriebene *Timorus* in Königsberg gedruckt. Aufenthalt in Stade. Bekanntschaft mit Sturz. Seereise nach Helgoland. Zu Besuch in Hamburg. Treffen mit Klopstock. Vom August des Jahres bis Mai 1775 *Aphorismenbuch D.*

1774	15. April: Ernennung zum a. o. Mitglied der Göttinger Sozietät der Wissenschaften. Am 29. August bricht er zur zweiten Englandreise auf.
1774–1775	Aufenthalt und Reisen in England.
1775	30. Juni: Nachricht von der Ernennung zum ordentlichen Professor. Am 31. Dezember in Göttingen für immer. *Reisetagebuch* (RA). Von Juli 1775 bis April 1776 *Aphorismenheft E.*
1776	*Briefe aus England.* Beginn der Freundschaft mit Blumenbach. Anfang Dezember Ernennung zum ordentlichen Mitglied der Sozietät der Wissenschaften, vor der er am 4. Dezember über seine *Observationes astronomicae per annum 1772 et 1773 ad situm Hannoverae, Osnabrugi et Stadae determinandum institutae* liest. Von April 1776 bis Januar 1779 *Aphorismenheft F.*
1777	Entdeckung der sogenannten Lichtenbergschen Figuren. Begegnung mit dem Blumenmädchen Maria Dorothea Stechard. Am 8. März besucht ihn Lessing. *Über Physiognomik wider die Physiognomen;* Zweite Auflage im Februar 1778.
1777–1799	Herausgeber des ‚Göttinger Taschen Calender' als Nachfolger Erxlebens †.
1778	21. Februar: Erste Sozietätssitzung über die elektrischen Figuren. *Briefe aus England.* In den Pfingstferien nach Hamburg, Wandsbek; Schiffsreise nach Helgoland. Im Dezember zum Magister ehrenhalber kreiert. Am 19. Dezember zweite Sozietätssitzung über die Figuren. Georg Forster bei Lichtenberg.
1780	Lichtenberg errichtet den ersten Blitzableiter in Göttingen. *Nachricht von dem ersten Blitzableiter in Göttingen nebst einigen Betrachtungen dabei.*
1780–1785	Mit Georg Forster Herausgeber des „Göttingischen Magazins der Wissenschaften und Litteratur".
1781	19. März: Herzog Karl August von Weimar in Begleitung Mercks bei Lichtenberg. Im Juli Garve bei Lichtenberg. *Über die Pronuntiation der Schöpse des alten Griechenlands, verglichen mit der Pronuntiation ihrer neueren Brüder an der Elbe.*
1782	2. Januar: Ernennung zum Mitglied der Naturforschenden Gesellschaft in Danzig. Am 3. August stirbt die kleine Stechardin.
1783	27. September: Goethe bei Lichtenberg. Margarethe Kellner tritt vermutlich in den Dienst Lichtenbergs. Sonderkolleg *Über die Lehre von den mancherlei Gattungen der Luft.* Von diesem Jahr an, dem Taschenkalender für 1784, Hogarth-Erläuterungen mit Zeichnungen der vorzüglichsten Köpfe.
1783–1784	Ballonversuche.
1784	Überarbeitete Herausgabe der dritten Auflage von J. C. P. Erxlebens „Anfangsgründe der Naturlehre". Im Oktober Besuch Voltas bei Lichtenberg. *Vermischte Gedanken über die aerostatischen Maschinen.*

1786 4. Februar: Geburt des Sohnes Georg Christoph (gest. 1815) mit Margarethe Kellner. Im Juni Lavaters Besuch bei Lichtenberg. Herschel, in Göttingen zum Mitglied der Sozietät ernannt, besucht Lichtenberg. Am 6. August Ernennung zum Ordinarius.

1788 5. September: Ernennung zum Hofrat.

1789 Von Januar 1789 bis April 1793: *Aphorismenheft J.* Am 24. Juni: Geburt der Tochter Luise Wilhelmine (gest. 1819). Am 5. Oktober: Ausbruch der Krankheit und Eheschließung mit Margarethe Kellner (gest. 1848). Ankauf der physikalischen Sammlung Lichtenbergs durch die Regierung.

1790 Anfang Mai Wiederaufnahme der Vorlesungen.

1791 22. Oktober: Geburt des Sohnes Christian Wilhelm (gest. 1860).

1792 *Warum hat Deutschland noch kein großes öffentliches Seebad?*

1793 Am 1. März: Geburt der Tochter Agnes Wilhelmine (gest. 1820). *Ein Traum.* Am 11. April Wahl zum Mitglied der Königlichen Sozietät der Wissenschaften in London. Von Mai 1793 bis September 1796 *Aphorismenheft K.* Beginn der Korrespondenz mit Goethe.

1794 Im Mai: Vorrede zur 1. Lieferung der *Ausführlichen Erklärung der Hogarthischen Kupferstiche.* Bis 1799 erschienen fünf Lieferungen. Errichtung eines Blitzableiters auf seinem Gartenhaus vor der Stadt. *Über Gewitterfurcht und Blitzableitung.* Zur Mitarbeit an den „Horen" aufgefordert.

1795 13. Januar: Ablehnung einer Berufung an die Universität Leyden. Aufnahme in die Akademie der Wissenschaften in Petersburg. Am 13. Juni: Geburt der Tochter Auguste Friederike (gest. 1837). *Verteidigung des Hygrometers und der Delucschen Theorie vom Regen. Nicolaus Copernicus,* erschienen 1800 im „Pantheon der Deutschen". *Das Luftbad.*

1796 19. Oktober 1796 bis Februar 1799: *Aphorismenheft L.*

1797 23. Juli: Geburt des Sohnes August Heinrich, genannt Henri (gest. 1839).

1799 24. Februar: Tod Lichtenbergs.

Autorenbücher

Es liegen Bände vor über

Ilse Aichinger, von Gisela Lindemann (BsR 604)
Guillaume Apollinaire, von Jürgen Grimm (BsR 628)
Ingeborg Bachmann, von Peter Beicken (BsR 605)
Thomas Bernhard, von Bernhard Sorg (AB 7)
Heinrich Böll, von Jochen Vogt (BsR 602)
Gottfried-August Bürger, von Günter Häntzschel (BsR 617)
Elias Canetti, von Edgar Piel (AB 38)
Matthias Claudius, von Herbert Rowland (BsR 617)
Heimito von Doderer, von Dietrich Weber (AB 45)
Friedrich Dürrenmatt, von Jan Knopf (BsR 611)
Marieluise Fleißer, von Moray McGowan (BsR 601)
Max Frisch, von Alexander Stephan (BsR 37)
Franz Fühmann, von Uwe Wittstock (BsR 610)
J. W. Goethe, von Dorothea Hölscher-Lohmeyer (BsR 623)
Heinrich Heine, von Stefan Bodo Würffel (BsR 612)
Hermann Hesse, von Christian Immo Schneider (BsR 620)
Henrik Ibsen, von Wladimir Admoni (BsR 619)
Jens Peter Jacobsen, von Bengt Algot Sørensen (BsR 618)
Uwe Johnson, von Walter Schmitz (AB 43)
Franz Kafka, von Thomas Anz (BsR 615)
Wolfgang Koeppen, von Martin Hielscher (BsR 609)
Siegfried Lenz, von Hans Wagner (AB 2)
Martin Luther, von Albrecht Beutel (BsR 621)
Novalis, von Hermann Kurzke (BsR 606)
Jean Paul, von Gert Ueding (BsR 629)
Joseph Roth, von Wolfgang Müller-Funk (BsR 613)
Friedrich Schiller, von Gert Ueding (BsR 616)
Arno Schmidt, von Wolfgang Proß (AB 15)
Adalbert Stifter, von Franz Baumer (BsR 614)
Theodor Storm, von Roger Paulin (BsR 622)
Georg Trakl, von Peter Schünemann (BsR 607)
Martin Walser, von Anthony Waine (AB 18)
Peter Weiss, von Heinrich Vormweg (AB 21)
Christa Wolf, von Alexander Stephan (BsR 603)

Verlag C. H. Beck München